カンタン らくらく 月20万円。

難解チャートもシンプル株攻略

ぱる出版

【はじめに】

3連休明けの2020年2月25日火曜日、コロナショックの初動が東京市場に襲い掛かりました。そして、世界中のマーケットは下落を続け、暴落と呼ばれる1週間となりました。

しかし、相場に張り付いていると、いつもの下落とは違ってかなり弱いかなという感じでしたが、日経平均でいうと下落幅は2500円もなく、たいしたものではなかったです。これを踏まえて、翌週からの値動きとしては、反発に向けての準備段階となる乱高下相場になるかなという感じでした。

案の定、乱高下相場となり、日経225先物（以下、225先物）では1000円以上の値幅を出し、暴れまくりました。コロナショックから2週目の3月5日木曜日、陽線が登場し、ようやく反発準備が完了したかのように思えました。

いつもながら、相場は思い通りにはならないものです。

反発に入ると思いきや、225先物は3月5日の夕方から始まる取引から下げだし、嫌なムードが漂い始めました。再度チャートは悪化。もう一段安の可能性が高まりました。

そして、想定外の下落を演じ、3月13日には16480円をつけます。下落幅は約8000円となりました。よく言われる「まさか」の局面です。

そもそもバブル的な状況下の中、2019年後半から企業業績は悪化を始め、新型コロナウイルスが起爆剤となり、株式市場崩落となりました。人の心こそが相場を動かすとも言われますが、その恐怖心があらわになった瞬間です。

しかし、この暴落もある日突然来たのではありません。チャート的にはいろんなところでサインを発していたのです。このサインに気が付けば、暴落による資産激減、追証は避けられたのではないかと思います。

もちろん、積極的に利益を狙うなら、空売りや225先物やFXで売りから攻めるのも非常に有効な手段です。

ここで、とっても気になるのは、「チャート的ないろんなサインとは何?」ってことだと思います。

例えば、米国市場ならダウとRSIとのダイバージェンス、重要経済指標の悪化、東京市場を先導する銘柄の売りサイン等、たくさんあります。また、本書のメインとなる移動平均線でも売りサインが出ていました。こちらに関しては後述します。

「暴落は怖いから手を出さないこと!」とよく言われますが、確かにその通りです。ただし、相場はしっかりと観察する必要があります。なぜなら、暴落、急落、乱高下時の値動きを知ることは投資家にとってとても重要です。今後またやってくる暴落、急落に対処できるからです。

それなりの損失を出してしまった研究熱心な個人投資家は、「損失は絶対に取り戻すぞ」、「今度こそ絶対に負けないぞ」という思い込みが強くなり、どんどんとトレードルールを複雑化したり、余計なリスクを取ってしまう傾向にあります。

実は強い個人投資家ほど、手法も思考もシンプルなのです。そこで、本書では、株だけでなく、225先物、FX、商品先物の世界でも通用するシンプルな理論を紹介したいと思います。

そう、移動平均線です。

「えっ、移動平均線ですか？」という声が聞こえてきそうですが、移動平均線を深読みできる人はかなり少ないです。今回のコロナショックも2018年に起きた2回の暴落も移動平均線がしっかりと読み解くことが出来ていれば、チャンスが見えていたのです。

「移動平均線を制する者が相場を制す」です。

よくセミナーで受講生さんにこんな質問を投げてみます。「移動平均線を使う上で最も重要なポイントは何ですか？」

パッと答えが出てくれれば、まずはクリアーです。でも、悩むようではちょっと不安です。もちろん、この質問に関しては後述しますが、ちょっと考えてみてください。移動平均線を使う上でポイントはいくつかありますが、「最も」というところがポイントです。もちろん、答えはひとつです。

シンプルなツールというのは、相当奥が深く、ツールの使い手の力量のよって結果が大きく異なります。世の中に存在するパソコンやアプリでもそうですね。どんなに良いものでも、使い手が使い方を知らないのなら意味がありません。

しかし、使いこなせるようになれば、世界は驚くほど激変します。移動平均線も使いこなすことができれば、トレードが大きく変わります。

相場の世界には天使と悪魔が住んでいます。悪魔が目覚めるタイミングで投資を始めると多くの人は地獄に落ちます。そして、「株なんてやるんじゃなかった」と嘆くことになります。悪魔の目覚めるタイミングって、多くの人に嫌われるのですが、実は大きなチャンスなのです。つまり、下落局面で利益を出せるだけでなく、その先にやってくる上昇局面も利益にすることができるのです。

相場が悪いので利益が出せないと嘆くのではなく、上昇でも下落でも、**どんな相場でも利益を出すことができる投資力を身につけましょう。**

本書は、いつもお世話になっているぱる出版さんからの6冊目となります。重要なところは多少重複しますが、ブラッシュアップされた内容で、初心者でも再現可能なように書き上げました。

見渡せば、そこら中に投資本が溢れていますが、10年後も読まれて続けている投資本になると確信しています。

思い通りの結果が出るまでに時間がかかるかもしれません。でも、諦めなければ株式市場から恩恵を受け続けることは可能です。2020年後半からは経済収縮が続き、ちょっと不安定な世の中になりそうですが、そんな中でも、相場と共に楽しく過ごせたら最高です。

令和の時代は「個」の時代とも言われています。そんな時代に、株式投資の世界でしっかりと経済的基盤が強化できれば、やりたいことに専念することも可能です。そのために本書が少しでもお役に立てるのなら著者として幸いです。

令和2年5月　尾崎式史

第1章

株で勝つためのチャート分析を覚えよう

第2章 エントリーのタイミングさえ間違わなければなんとかなる！

第3章

株で利益を出すための手順

第4章

相場が崩れても勝てる投資力を身につけよう

第5章

残酷な相場の世界で生き残るために

制作：㈱ワーズファクトリー　高田和典

第1章

株で勝つための
チャート分析を
覚えよう

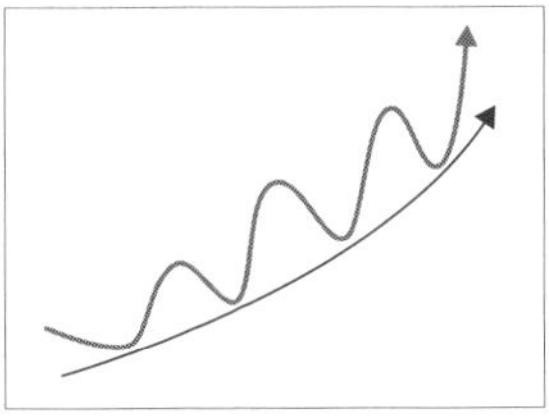

1 チャート分析とは

株価チャートの分析方法を勉強したいと思うものの、その勉強方法がわからないという方が多いです。株価チャートというのは、天気予報に使われている天気図と同じです。

つまり、天気図を使って明日の天気を予測するのと同じで、株価チャートを使って明日の株価の上昇下落を予測するのです。

気象予報士は、天気図を見て、明日の天気を読み解きます。我々個人投資家は、株価チャートを見て、明日の値動きを読み解くのです。

株価チャートを読み解くことをチャート分析と言います。

一般的にチャート分析とは、テクニカル分析と同義で、株価の過去の値動きから、将来の値動きを予測する分析方法を言います。ちょっと気を付けて頂きたいのが、テクニカル指標を使って、買いサイン、売りサインを機械的に見つけるようなテクニカル分析とは違います。

確かにテクニカル指標も使うのですが、チャート全体を俯瞰し、総合的に判断するのです。ひとつのテクニカル指標を機械的に使っても、たまには勝てますが、勝ち続けることはできないです。

基本的に株価は需給で決まります。

その需給の軌跡を時系列で表したものが株価チャートなのです。なので、チャート分析とは、株価に影響を与えるものはすべて分析対象になるのです。

チャート分析
＝
ファンダメンタルズ分析＋テクニカル分析＋ヒストリカル分析

チャート分析を図式化すると上のようになります。

簡単にそれぞれの分析法について一言解説すると、ファンダメンタルズ分析は、現状追認型とも言われ、良い決算発表が出ると株価が上がっていきます。その大きく上がった株価に飛び乗ろうとするために高値掴みとなり、理路整然と間違ってしまうことが多いです。

テクニカル分析は、テクニカル指標や経済指標を使って市場を先読みし、早め早めに行動を起こします。なので、いつも少数意見という特徴があります。もっと深掘りすると、時間軸の異なるテクニカル指標や相場と逆行するサインを読み解き、上手く融合させ、総合的判断を行い、転換点のチャンスを捉える分析法でもあります。

チャート分析は総合的判断

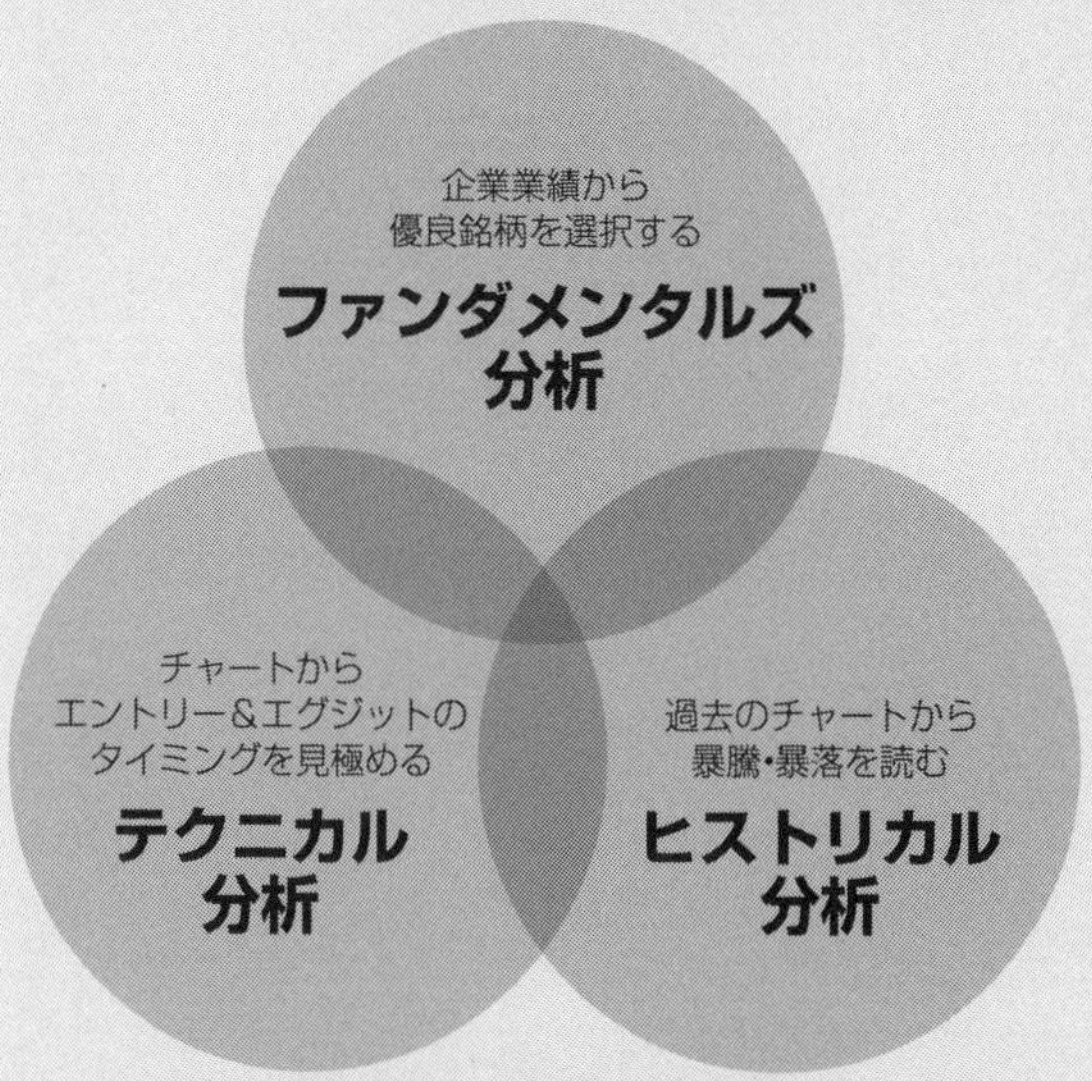
企業業績から
優良銘柄を選択する
ファンダメンタルズ
分析
チャートから
エントリー&エグジットの
タイミングを見極める
テクニカル
分析
過去のチャートから
暴騰・暴落を読む
ヒストリカル
分析

マクロ環境分析も駆使して
転換点を捉える

ヒストリカル分析は、過去のデータを使って、同じようなチャートパターンを見つけ出し、先読みをしようというものです。歴史は繰り返すといいますが、相場の世界も同じで、チャートパターンも繰り返しています。これを利用します。

2 それでも移動平均線を使う理由とは

3つの分析法の特徴について簡単に解説しましたが、それぞれの分析法にはメリット、デメリットがあります。デメリットを把握し、そのデメリットをカバーするように他の分析法を利用するのが良いでしょう。

チャート分析の対象は相場そのものです。とすると、相場状況によって、どの分析法に重点を置くかはその都度異なりますので、そこに注意しながら総合的判断を心掛けたいものです。

では、なぜこんなにチャート分析を広くとらえるのでしょうか？

それぞれを分析するためには、手間暇が相当かかります。場合によっては、自力では厳しいので、投資情報会社から有料のレポートを購入する必要も出てきます。

なぜ、そこまでする必要があるのかといいますと、転換点が狙えるのです。つまり、大きな値幅が狙えるタイミングがわかるのです。

いつもセミナーをやっていて思うのですが、転換点を狙ってトレードしている人がとっても少ないことに驚かされます。スイングトレードでも、デイトレでも、転換点は存在します。

このような転換点を意識せずに、単に値動きを追いかけていくから、コツコツ勝ってドカンと負けるのです。「損大利小」のトレードを続けていけば、そのうち必ず退場することになります。

話が変わりますが、「投資の真髄とは」と問われるとなんて答えますか？

確かに「真髄とは」と聞かれるとちょっと大げさかもしれませんが、もう少し柔らかい言い方にすれば、「株で勝ち続けるための秘訣は」という感じになります。

答えは、「エントリーのタイミング」です。

エントリーのタイミングさえ間違わなければ、大損は回避できますし、丁寧に繰り返していけば、そのうちに大きなトレンドに乗ることができます。

エントリーのタイミングを見極めるには、チャート分析の中でもテクニカル分析を重視する必要が出てきます。テクニカル分析といえば、テクニカル指標を使ってタイミングを計るのが一般的です。

では、どんなテクニカル指標を使うのが良いのでしょうか?

勝てるテクニカル指標なら何でもいいのですが、残念ながら絶対唯一のテクニカル指標はありません。しかし、移動平均線は初心者でも使えて、それなりに信頼性も高く、スイングトレードにはもってこいです。なので、本書では移動平均線について、徹底的に解説していきたいと思います。

ところで、本書の「はじめに」のところで投げていた質問ですが、「移動平均線を使う上で最も重要なポイントは何ですか」の答えは出ましたか？

そう、ゴールデンクロスとデッドクロスが正解となります（詳細は46ページ以降参照）。もちろん、傾きや乖離率も重要ですが、最も重要なのはやはりゴールデンクロスとデッドクロスとなります。なぜなら、トレンドの転換点を表しているからです。

初めて株式投資の本を買ったのは30年以上も前ですが、いまだ手元に残っています。ペラペラとめくってみると、「ゴールデンクロスとデッドクロスは相場の転換点」と太字で書かれています。つまり、どんな時代でも通用する相場の原理原則であり、絶対的真実と言えそうです。

しかし、残念なことにこの2つのクロスですが、あまりにも簡単すぎて軽視されるためか、利用されることは少ないように感じます。実際にこのクロスを使わない人にその理由を尋ねると、「ダマシにあうから」、「サインが点灯した時にはもう遅い」という声が非常に多いです。

それでも移動平均線を使う理由とは、やはり株価や相場の転換点を見つけることができるからなのです。誰もが知っている移動平均線ですが、深掘りするといろんなものが見えてきます。もちろん、確実に勝てる方法なんてありませんが、勝てる確率の高いポイントがわかるようになります。

「移動平均線を制する者が相場を制す」のです。

よって、次章以降、この移動平均線について深掘りしていきたいと思います。

3　突き詰めればやるべきことはひとつだけ

株式投資って複雑で難しそうってイメージを持っている人が多いですが、シンプルに考えると、我々個人投資家が考えることはこれだけです。

どの銘柄を
どのタイミングでエントリーし
どのタイミングでエグジットするか

たったの３つです。

考えてみれば、すごく単純なことです。もちろん、現実的に考えて、この３つの判断をすべて正確に行うことは出来ません。それぞれの要点を細分化し、可能な限り質の高い選択ができるようになれば良いのです。

特に重要なのはエントリーのタイミングです。なぜなら、エントリータイミングを大きく間違わなければ、ロスカットになった時でも、損失は小さくて済みます。エントリーのタイミングは相場の世界を生き抜く上で非常に重要です。

もちろん、銘柄選びもエグジットのタイミングも重要です。銘柄選びによっては、年間利益は大きく変わってきます。また、エグジットのタイミングも年間利益に大きな影響を及ぼします。せっかく利益が乗ったのに気が付けばロスカットということや、利食いのあともグイグイと上昇を続け、「売らなければ良かった」と指をくわえて眺めているだけということもあります。

銘柄選びに関しては後述します。エグジットのタイミングについては、詳細な解説はできないですが、基本的にエントリーのタイミングと正反対と考えてください。つまり、ゴールデンクロスでエントリーしたら、デッドクロスでエグジットするということです。もちろん、いろんな手法がありますが、基本的には相場状況に合わせることになります。

とすると、集中すべきはエントリーのタイミングということになります。このエントリーのタイミングを、移動平均線を使って見極めることこそ、相場の世界で生き残るための秘訣になります。

移動平均線、および移動平均線を使ったエントリーのタイミングについては、次章以降で徹底的に深掘りしていきたいと思います。

【第1章　まとめ】

本書でいうチャート分析とは、テクニカル分析だけでなく、ファンダメンタルズ分析とヒストリカル分析を加え、相場環境を俯瞰し、大きなチャンスを捉えようとする分析法です。

目先は、エントリーのタイミングを重視するためにテクニカル分析を利用するわけです。テクニカル分析をするにあたり、たくさんあるテクニカル指標の中でも、サインが明確で、初心者でも使える移動平均線を使って、エントリーのタイミングを見極めるのです。

多くの方は会社勤めをされながらスイングトレードで利益を追求されると思いますが、損小利大のスイングトレードを実行するのなら、エントリーのタイミングは最重要ポイントです。損小利大のスイングトレードに徹することができれば、年間を通して利益を出せる体質に変わります。

チャート分析ができないと嘆く人の多くは知識不足です。その結果、チャートが信用しきれないのです。そうなると、エントリーチャンスはわかってはいても不安が残り、やり切ることが出来ないのです。

そんな問題を解決してくれるのが、世界一シンプルな投資手法である「くいっとチャート」と「がっくりチャート」。詳細は後述しますが、この２つのエントリーのタイミングを知ることで、チャートの見方が変わります。

もちろん、いつでも勝てる手法ではありません。でも、チャンスがきたら丁寧に仕掛けていく。そうすると、利益が出ることで結果が表れることになります。

エントリーポイントが多少マズくても、上昇トレンド中の好業績銘柄なら、一時的に含み損になっても、じっと待つことで、株価は回復してくる可能性が高いです。エントリーのミスをトレンドと好業績が助けてくれる訳です。ここにファンダメンタルズ分析の重要性があります。

暴落のチャートパターンはよく似ています。多少姿形は変わりますが、定期的に繰り返しています。ここにヒストリカル分析が威力を発揮します。

チャート分析の重要性を理解したところで本題に入っていきましょう。

第2章

エントリーのタイミングさえ間違わなければなんとかなる！

1 シンプルに移動平均線を読み解く

株式投資の真髄はエントリーのタイミングと書きました。とすると、そのエントリーのタイミングを見極めるために、テクニカル指標を使うのです。

では、相当数あるテクニカル指標の中で、どのテクニカル指標を使うのかで悩むことになるかと思いますが、ズバリ使えるテクニカル指標と言えば、移動平均線なのです。

単独でも使えるテクニカル指標としても非常に優れていますので、初心者なら移動平均線だけを使った投資法で十分です。

というか、「**移動平均線を制する者が相場を制す**」のです。

ここでよくある話をひとつ。ある程度いろんなテクニカル指標を勉強すると、難しいテクニカル指標を使えば勝てると考えてしまいがちです。釣り人が遠くの釣り場に出かければ大物が釣れると勘違いするのと同じように。これでは相場の世界で勝ち続けることはできません。テクニカル指標はシンプルなほど奥が深く、相当な知識量がないと使いこなすことができません。

テクニカル指標はタイミングをとるために使うツールです。つまり、ツールというのは使い手の力量に依存しています。使い手にツールを使いこなすだけの技量がなければ、どんなテクニカル指標を使っても勝てるわけがありません。

「このテクニカル指標は使えねぇ〜」とぼやく人が多いですが、本当は使いこなすだけの知識や経験がないだけです。

エントリーのタイミングを見極める方法はいくつもありますが、その中で最もシンプルでサインが明確に出る移動平均線でエントリーのタイミングを解説していきます。

まずは、移動平均線を見るコツを3つ紹介します。そう、たったの3つです。この3つを押さえれば、実践で戦っていくことができます。

(1) 移動平均線の方向

まずは、移動平均線の方向です。単純に移動平均線が上を向いているのであれば上昇傾向、下を向いているのであれば下落傾向と読むだけです。実践では横向きにも遭遇しますが、これはもみ合い局面を表しています。

誰でもできるすごくシンプルな解釈です。しかし、これが出来ない人が非常に多いことにびっくりします。

（2）移動平均線の傾き

次は、移動平均線の傾きを見ます。移動平均線の傾きを見ることによって、トレンドの強さを読み取ることが出来ます。

移動平均線の傾きが上向きで、その傾きが急であればあるほど、強い上昇トレンドを表しています。反対に、移動平均線の傾きが下向きで、その傾きが急であればあるほど、強い下降トレンドを表しています。

ここで重要なのは、移動平均線の傾きの加速度合いです。加速度合いを見ることによって、トレンドの本格化を見極めることができます。つまり、水平だった移動平均線の傾きがじわじわと上向き始め、ゆっくりと加速をはじめ、勢いよく上昇していけば、本格的な上昇へと変わっていく可能性が高いのです。

また、大きな上昇を演じた場合、反落に移るタイミングも移動平均線の傾きを観察することで見えてきます。つまり、移動平均線の傾きの減速度合いを見ることによって、トレンドの終焉も予測することが出来るようになります。

（3）時間軸の異なる移動平均線との融合

さらに、時間軸の異なる移動平均線との融合を図ります。時間軸の異なる移動平均線との関係を見ることによって、今後の値動きを予測するのです。

例えば、5日移動平均線単独だけでは読み切れない値動きでも、25日移動平均線を加味して、5・25日移動平均線分析にすれば、その乖離や傾きから調整局面や反発局面のタイミングを想定できるようになります。

また、日足チャートだけでなく、週足チャートや月足チャートを融合させ、チャート分析することによって、トレンド発生の初動やトレンド中の押し目や戻りのタイミングを見つけることができるようになります。

移動平均線分析に必要なポイントといっても非常にシンプルで分かりやすいものです。チャートを見る際には、これらのポイントを常に意識していれば、チャートの見え方が大きく変わってきます。つまり、これを徹底すれば相場の世界で生き残ることができるのです。

相場の世界にいる人で、移動平均線を知らない人はいません。しかし、残念なことに移動平均線を上手く使いこなせている人は少ないです。むしろ、小馬鹿にしている人の方が多いです。

そんな人たちの多くは勝てていません。２０１８年の2月からの暴落も10月からの暴落もコロナショックと言われる２０２０年2月の大暴落も移動平均線を読み解くことができれば、上手く対応することが出来たのです。

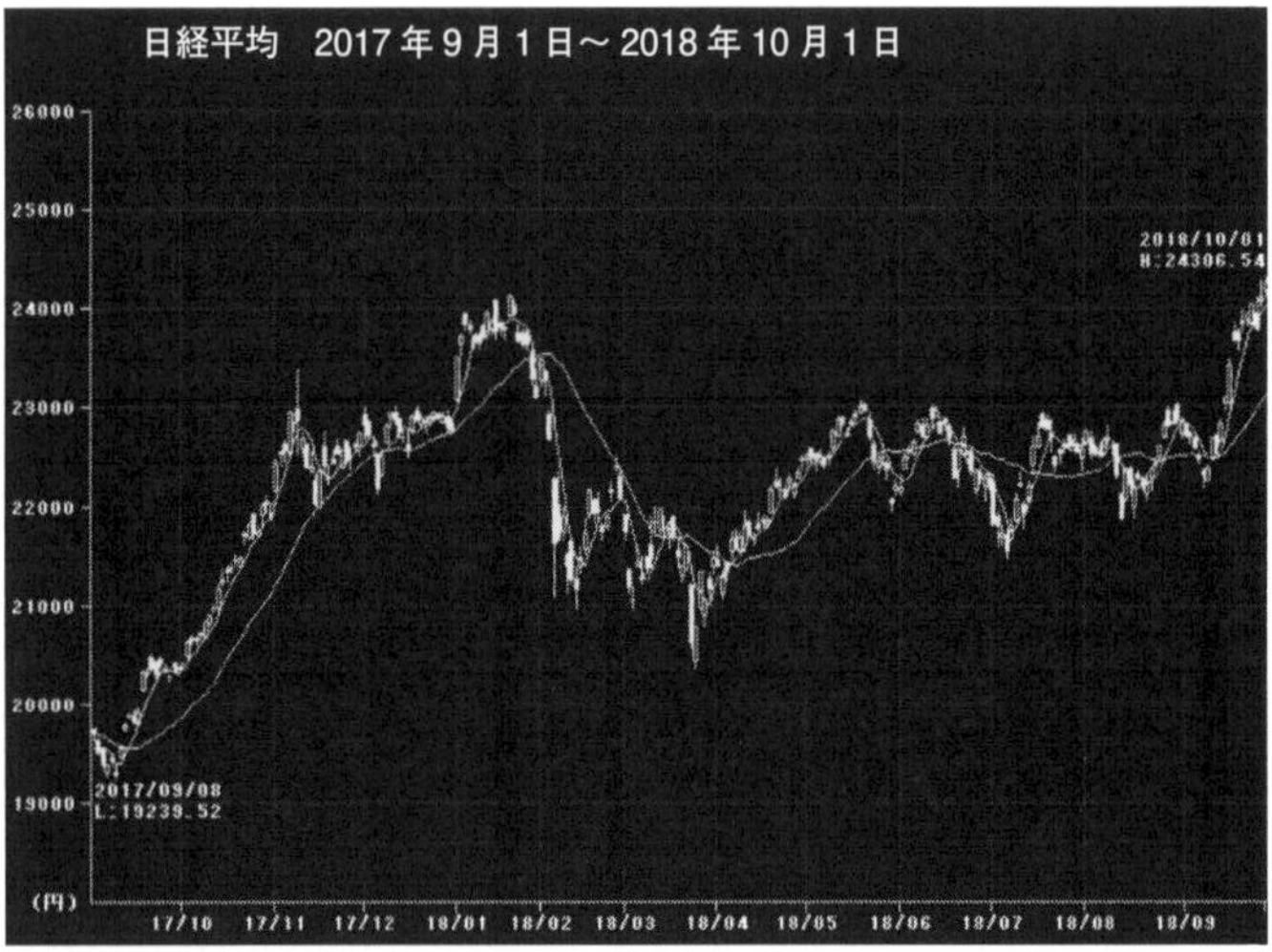

なら、もっと移動平均線を研究すればいいのにといつも思うのですが、難しいテクニカル指標にハマり、移動平均線を軽視してしまうのです。非常にもったいない話です。

上に日経平均のチャートを載せておきます。じっくりと見てください。チャート内は5日移動平均線と25日移動平均線です。この2つの移動平均線を使って、エントリーポイントにアタリを付けてみてください。

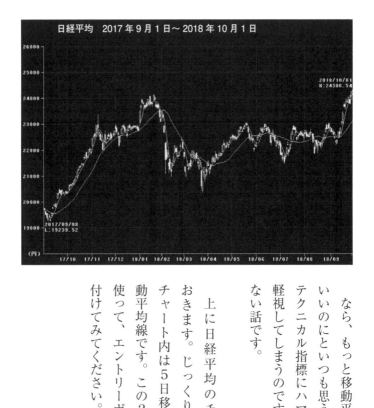

2 世界一シンプルな手法でエントリーポイントをあぶり出す

エントリーのタイミングを計るのによく使われているテクニカル指標には、ＲＣＩ、一目均衡表、ボリンジャーバンド、ＭＡＣＤ、ストキャスティクスなどさまざまなものがあります。

基本的に勝てるのならどんなテクニカル指標を使っても問題ありません。自分と相性の良いテクニカル指標を使い、徹底的に使いこなすのがベストです。本書では、誰でも、いつでも、簡単に使えるテクニカル指標として移動平均線でエントリーポイント見極めていきます。

もちろん、移動平均線もあらゆるシーンで使えるわけではないので、場合によっては、他のテクニカル指標と組み合わせて使うのも良いです。
どんなに頑張っても勝てない、買えば下がるし、売れば上がる、というのでしたら、移動平均線を使いましょう。はっきり言って、移動平均線のみで相場の世界を生き抜くことが可能ですから。

大まかな値動きやエントリーポイントを見極めるために移動平均線を使って分析することを移動平均線分析と言います。

移動平均線分析を行うにあたって、本書では5日移動平均線と25日移動平均線を使って解説していきます。1か月が20営業日ということで、最近は5日移動平均線と20日移動平均線を使う人も増えてきているようですが、20日でも25日でも、どちらでも構いません。本質的な違いはありませんので。

自分の投資スタンスはスイングトレードで、もう少し長いタイムスパンがあっているという方なら、50日移動平均線や75日移動平均線を使うのも手です。また、５・25日移動平均線に75日移動平均線を加えて、５・25・75日移動平均線で相場に臨んでも問題ありません。

３つの移動平均線を使うと、慣れるまで大変ですが、３線を使う大きなメリットもあります。年間に１、２度出るサインでは大きな利益を運んできてくれます。これに関しては後述します。

５・25日移動平均線分析では、エントリーのポイントとなるところはいくつかあるのですが、まずは５日移動平均線を使った世界一シンプルなエントリーポイントである、「**くいっとチャート**」と「**がっくりチャート**」を解説します。

このシンプルな方法でエントリーのタイミングを取れれば、相場の世界は非常に面白くなります。時には大きなトレンドに初動から乗ることができます。

買いサイン「くいっとチャート」

下を向いている5日移動平均線の傾きが段々と緩やかになり、やがて水平になってきます。そして、陽線が立ち、5日移動平均線が〝くいっ〟と上向きになった時、このときこそ絶好のエントリーポイントとなります。このようなチャートを「**くいっとチャート**」と呼びます。

エントリーポイントのひとつとして、このくいっとチャートをしっかりと頭に叩き込んでください。

実践で使えば使うほど、有効性に気が付きます。

ちなみに、最も理想的なくいっとチャートは、5日移動平均線がくいっと上向いた状態で、しかも5日移動平均線に腰掛けるように陽線が立っているチャートパターンです。

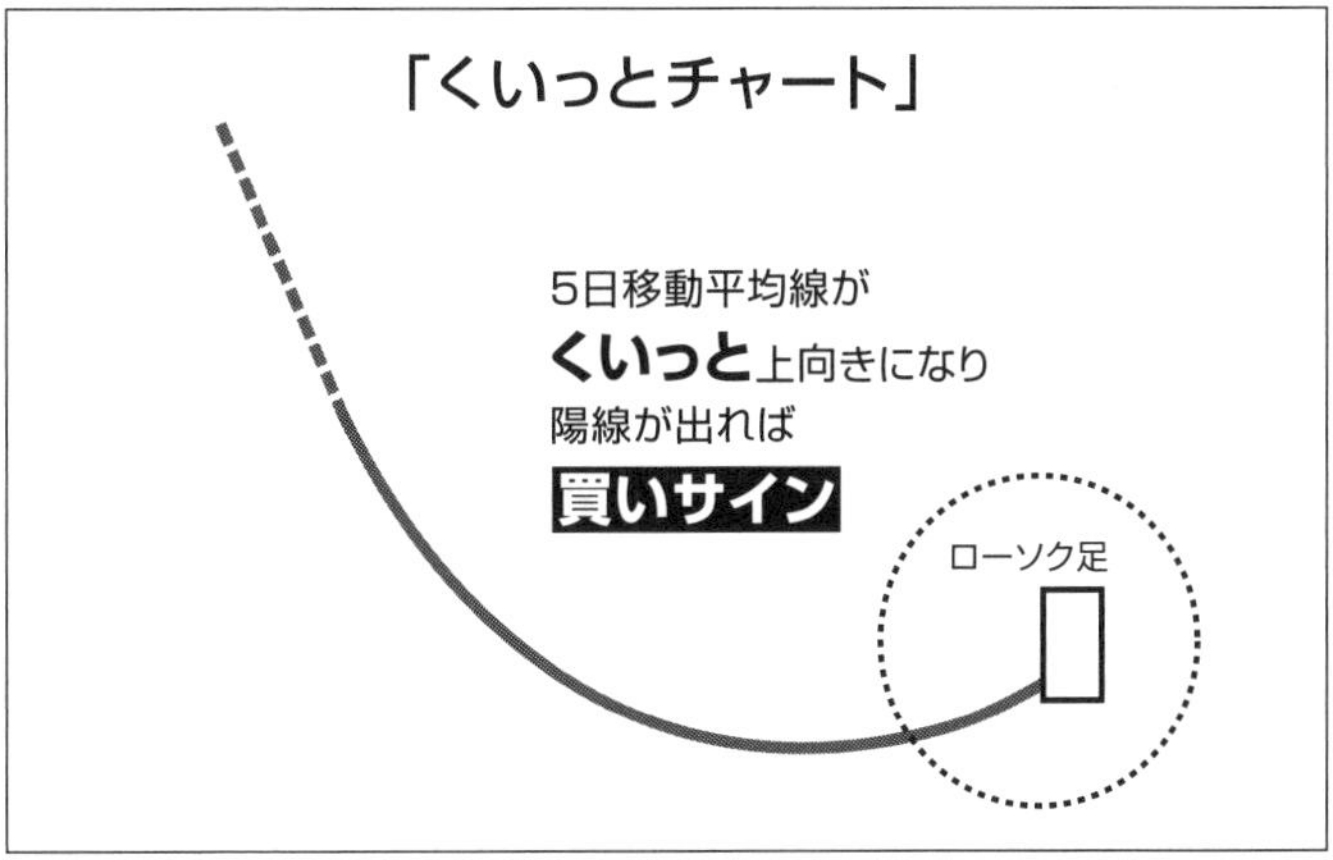
「くいっとチャート」
5日移動平均線が
くいっと上向きになり
陽線が出れば
買いサイン
ローソク足

　このくいっとチャートですが、実践では判断に迷う場面も出てきます。５日移動平均線を抜けきれなかったり、上ひげが出ていたり、陰線だったりと、そんな局面でどう対処したらいいのかはケースバイケースですが、最初のうちは、迷ったら見送りましょう。

売りサイン「がっくりチャート」

　上を向いている５日移動平均線の傾きが段々と緩やかになり、やがて水平になってきます。そして、陰線が立ち、５日移動平均線が〝**がっくり**〟と下向きになった時、このときこそ絶好のエグジットポイントとなります。このようなチャートを「**がっくりチャー**

ト」と呼びます。

考え方としては、くいっとチャートの正反対です。また、トレンド転換が期待できるタイミングなら、空売りを仕掛ける絶好のエントリーポイントにもなります。

このがっくりチャートもしっかりと頭に叩き込んでください。実践で使えば使うほど、このがっくりチャートの有効性に気が付きます。

ちなみに、最も理想的ながっくりチャートは、5日移動平均線ががっくりと下向いた状態で、しかも5日移動平均線からぶら下がっ

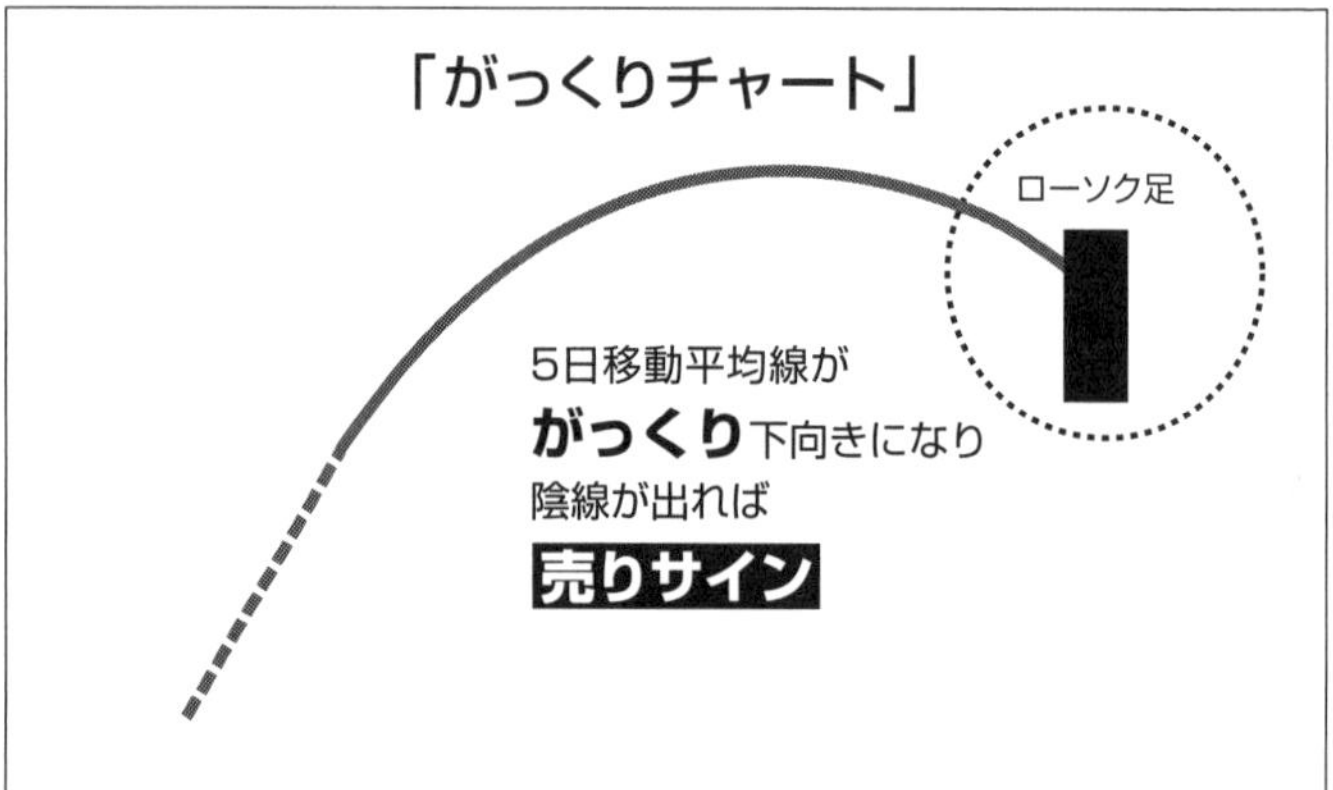
「がっくりチャート」
ローソク足
5日移動平均線が
がっくり下向きになり
陰線が出れば
売りサイン

ているような陰線が出た右図のようなチャートパターンです。

くいっとチャートと同様に、このがっくりチャートも実践で使っていけば、判断に迷う場面も出てきます。５日移動平均線を抜けきれなかったり、下ひげが出ていたり、陽線だったりと、そんな場面に出会ったら、見送りか、きれいながっくりチャートをしている他の銘柄を探してみましょう。

相場の世界では、時間軸が短ければ短いほどトレードの難易度が上がります。つまり、移動平均線の中でも５日移動平均線は時間軸が短く、シンプルに見えますが、使い慣れるまでは時間がかかります。

しかし、使いこなすことが出来れば鬼に金棒です。今日から徹底的に、「**くいっとチャート**」、「**がっくりチャート**」を使い込んでください。

3 移動平均線分析における最重要ポイントを意識せよ

5・25日移動平均線分析で大きな値幅が狙えるポイントは、**ゴールデンクロス（以下、GC）**と**デッドクロス（以下、DC）**です。単純と思えるところに本質は存在するのです。

GC・DCは相場の普遍的、絶対的な重要ポイントですが、多くの個人投資家がサインが遅いとか、ダマシに合うとか、いろんな理由をつけて使うことを拒否しているように思えます。

投資スタイルとして、GC・DCだけを追いかけていれば、それなりの大きな利益が舞い込んでくるという事実があります。繰り返しますが、シンプルなツールほど使いこなすのが難しいのです。多くの人はダマシに合うので使うのをやめてしまいます。この理由はよくわかります。なぜなら、私も嫌ほど騙されましたから。

でも、転換点となるこのポイントを上手く読み解けたらどうなるでしょう。ダマシも上手く見抜くことができれば、最高のトレードができます。

このイメージがクリアーになったら、やるべきことが明確になったと思います。そう、本書を徹底的に読み込んでください。初心者、中級者、ベテラン問わず、結果が出ていないのでしたら、まずは、このGC・DCに特化するのです。

「1万種類の蹴りを1回ずつ練習した男など恐ろしくない。だが、たった1種類の蹴りを1万回練習した男は恐ろしい」

とブルース・リーは名言を残しています。あちこちから情報を拾い、すべてをやろうとすれば結局は失敗に終わる可能性がとても高いのです。まずは1点集中です。

4 移動平均線分析とグランビルの法則は相性が良い

GC・DCというサインは頻繁に出てくるものではありません。なので、このサインを得意技にするためには忍耐力が必要です。サインを待っている間に、他人の勝っている情報が入ってきても振り回されてはいけません。

確かにそんな時期もありますが、自分の得意なサインを待つのです。たったひとつの得意技が相場の世界を楽しませてくれます。

と言っても、せっかく移動平均線を使って売買サインを見極めるわけですから、他にも勝てる確率が高いと思われるエントリーポイントがあるのなら、そのチャンスを生かしたいものです。

そこで登場するのがグランビルの法則です。グランビルの法則は、相場の世界では有名な法則のひとつで、知らない人はいないと思います。でも、このグランビルの法則を実践レベルに落とし込み、エントリーのタイミングを明確に判断するにはそれなりの知識が必要です。

しかも、グランビルの法則と５・25日移動平均線分析はとても相性が良く、本質的なところは同じです。そこで、まずはグランビルの法則について解説します。

グランビルの法則は、株価と移動平均線からアプローチするという手法では最も有名な法則です。米国のジョセフ・グランビルというアナリストが編み出した投資手法で、株価と移動平均線との関係を利用してエントリーポイントを探ります。

使われるのは、日々線と２００日移動平均線です。４つの買いパターンと４つの売りパターンから構成されています。この８パターンはしっかりと覚えてください。超重要です。

買いパターン①《買いの第1段》
移動平均線が長期間下落、または横ばいで推移した後、株価が上昇に転じ移動平均線を下から上に突き抜けた場合は買い。

買いパターン②《押し目買い》
株価が移動平均線を下回った場合でも、移動平均線が上昇中の時は押し目買い。

買いパターン③《買い乗せ》
移動平均線より上にある株価が足踏み状態の時、上昇中の移動平均線を割り込むことなく再度上昇に転じた時は買い乗せの局面である。

買いパターン④《自律反発の買い》
下向きになっている移動平均線よりも、さらに株価が大きくかけ離れて下落した(下への乖離幅が大きくなった)場合は自律反発する可能性が高いと判断して買い。

売りパターン①《売りの第1段》

移動平均線が長期間上昇、または横ばいで推移した後、株価が下落に転じ移動平均線を上から下に突き抜けた場合は売り。

売りパターン②《戻り売り》

株価が移動平均線を上回った場合でも移動平均線が下降中の時は戻り売り。

売りパターン③《売り乗せ》

移動平均線より下にある株価が足踏み状態の時、下降中の移動平均線を上回ることなく再度下落に転じた時は売り乗せ局面である。

売りパターン④《自律反落の売り》

上向きになっている移動平均線よりも、さらに株価が大きくかけ離れて急騰した（上への乖離幅が大きくなった）場合は自律反落する可能性が高いと判断して売り。

超重要！　この8パターン絶対覚えよう！

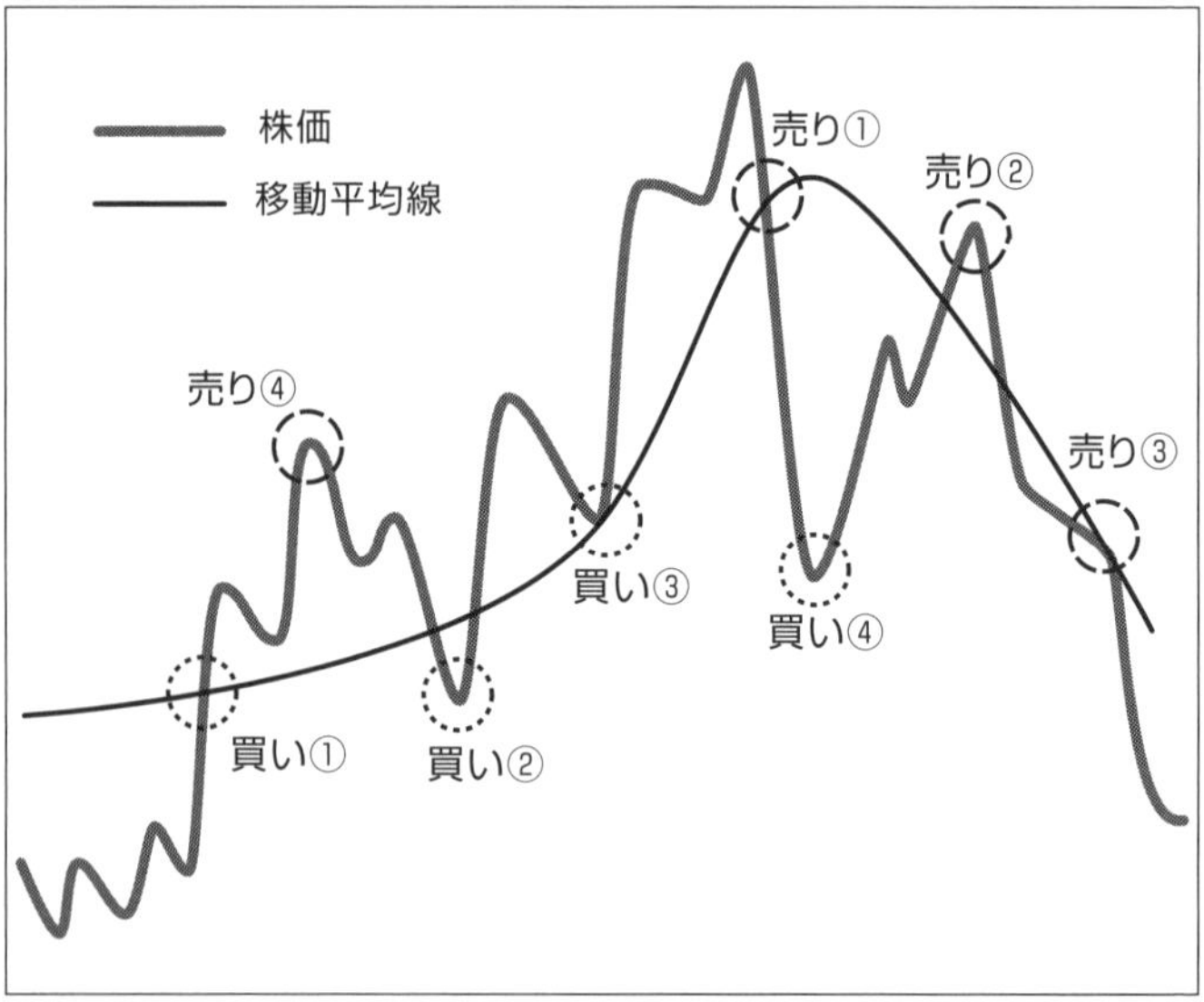

グランビルの法則を簡単に説明すると以上となります。

このまま今の相場にあてはめることも可能ですが、最近の株式市場を考えると、日々線を5日移動平均線、200日移動平均線を25移動平均線に置き換えてチャートを見るのが良さそうです。

200日移動平均線を一気に25日移動平均線に置き換えるのはちょっと乱暴かな、と考えるなら50日移動平均線、75日移動平均線、１００日移動平均線に置き換えても問題ないです。要は自分の投資スタイルに合わせることが重要です。

この移動平均線を使った分析により、チャートをより高いところから、広い視野で眺めることで、勝てる確率がぐっと上がります。

株価はランダムウォークし、値動きが読めないという不安な状態と、チャートをもとに先行きにアタリをつけることができる状態とでは、投資成果だけでなく、精神的な余裕も全然違います。

では、５・25日移動平均線分析について見ていきましょう。

5 5・25日移動平均線分析でのエントリーポイント

このグランビルの法則を、より実践的に、しかも明確にエントリーのタイミングが取りやすいように、日々線を５日移動平均線に、２００日移動平均線を25日移動平均線に置き換えてみます。

エントリーポイントを示した56ページのチャートを見てください。５日移動平均線と25日移動平均線を使った場合のエントリーポイントですが、〇印をつけています。先に結論を書くと、この８つのエントリーポイントだけを狙えば、年間トータルで利益が出ないということは考えにくいです。それだけ重要なポイントなのです。

そんな重要なエントリーポイントですので、ひとつひとつ実例を挙げながら、丁寧に解説していきます。

ただし、実践でエントリーする場合は、自分が狙う銘柄だけでなく相場全体の動きも注意深く観察しての判断となります。また、相場状況によっては、エントリーポイントは株価理論と多少前後することがあります。

買いのエントリーチャンス　ポイント①

相場がある程度の期間、下落を続けた後に、25日移動平均線の傾きが徐々に水平になってきます。このタイミングで５日移動平均線が下から上に抜けたのを確認して、買いエントリーします。ＧＣのタイミングです。

このポイントはトレンドの転換点でもあるので、絶好のエントリーポイントとなります。ここからトレンドが発生すれば大きな利益となります。ただし、ＧＣ前後で株価が上下に大きく揺さぶられることもありますので注意が必要です。

勝てるエントリーポイントはここだ！

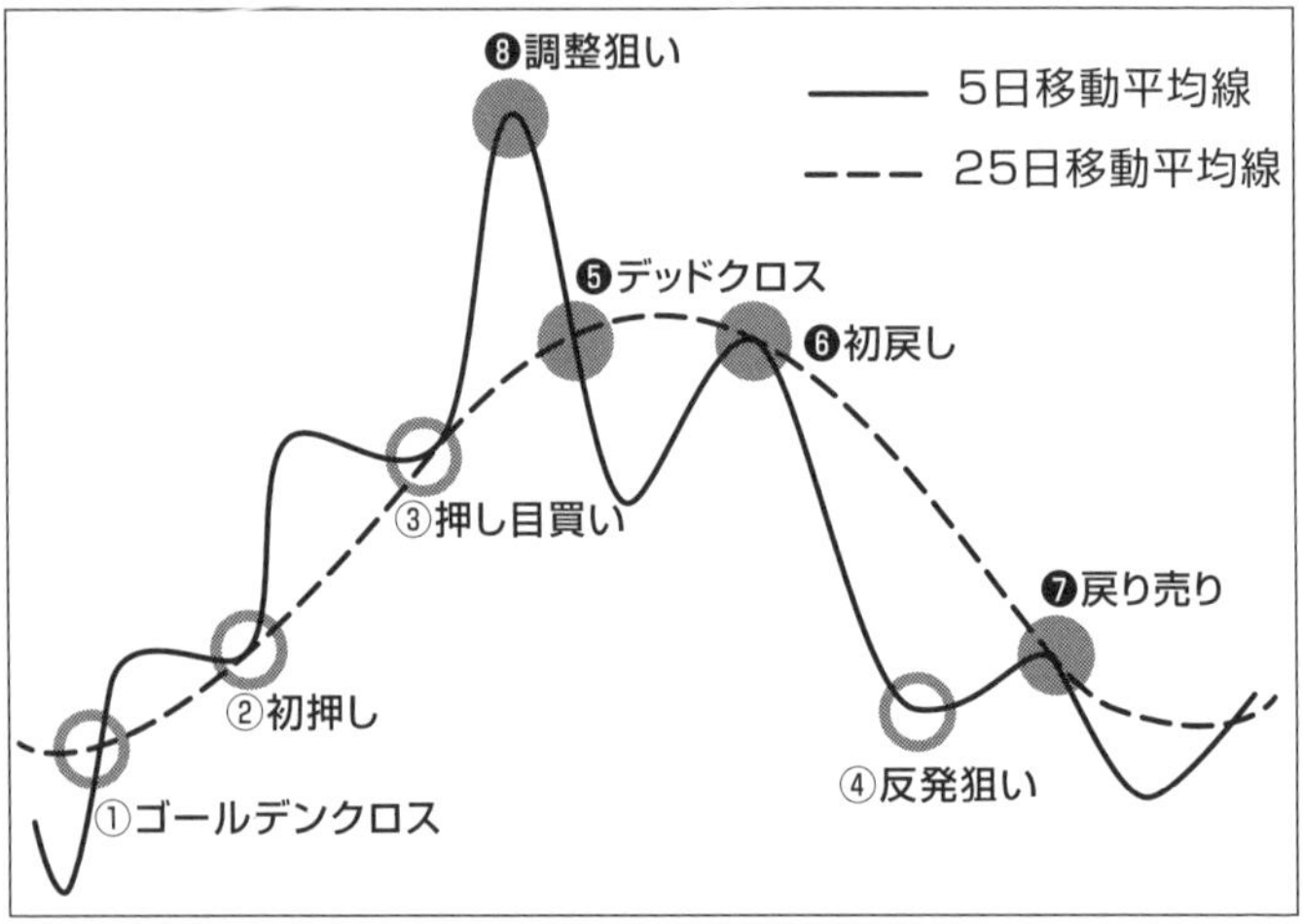

この８つのエントリーポイントの特徴を知っておこう！

①と⑤は転換点となる絶好のエントリーポイント
②と⑥はトレンド発生可能性が最も高いエントリーポイント
③と⑦は利乗せのポイント、短期売買でも狙えるポイント
④と⑧は逆張り的になるが、勝負が速いポイント

この８つのポイント厳守で年間損益はプラスになるはず。
投資資金にもよるが、本書のタイトルにある月 20 万円を
目指そう。目標が決まればやることは明確になる。

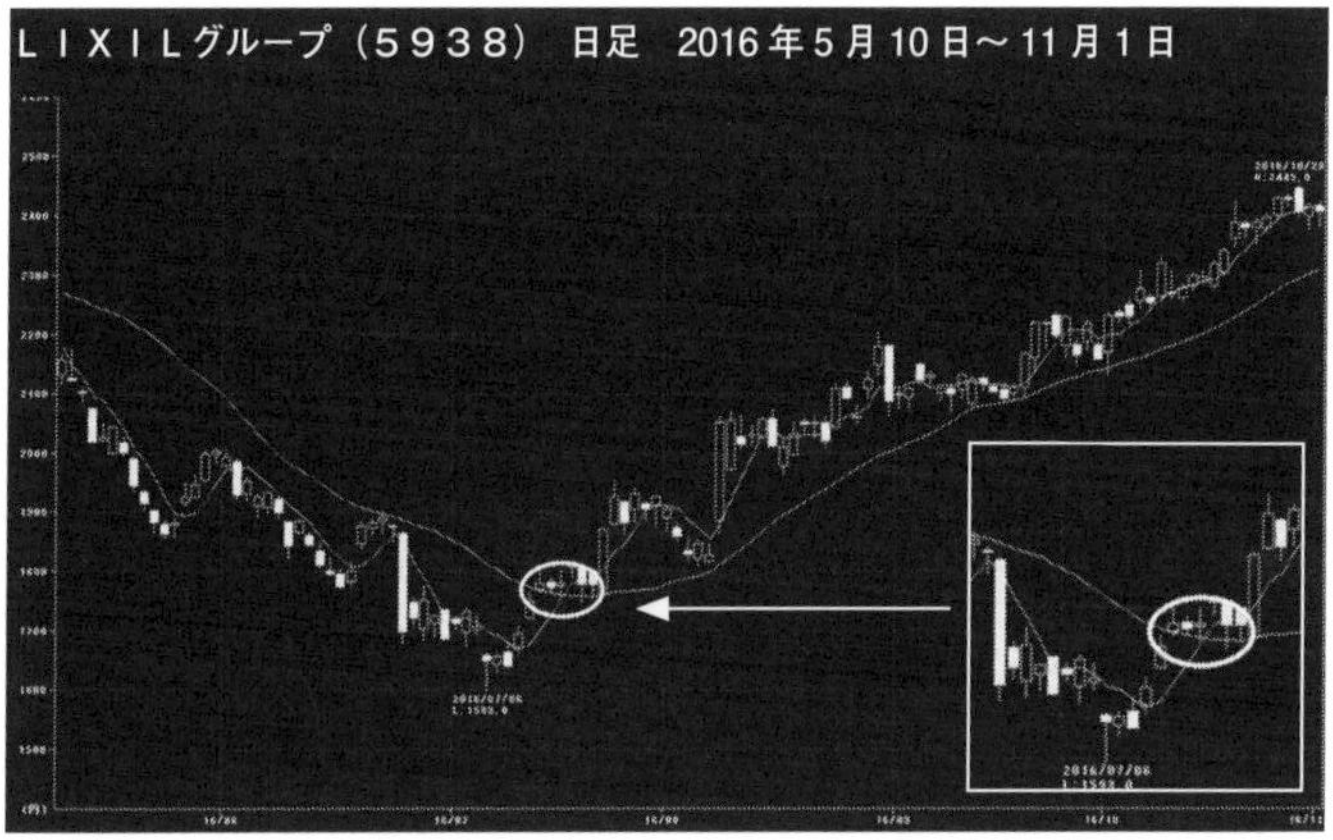

上のＬＩＸＩＬグループ（５９３８）の日足チャートを見てみましょう。○印でＧＣを完了させています。絶妙のエントリータイミングです。実践では、ＧＣ直前でエントリーすることもありますし、ＧＣ完了後にエントリーすることもあります。

その時の相場状況にもよりますが、なるべくＧＣ近辺、25日移動平均線近辺でエントリーしましょう。上手くいけば大きな利益、失敗しても傷は浅いという絶好のエントリーポイントです。

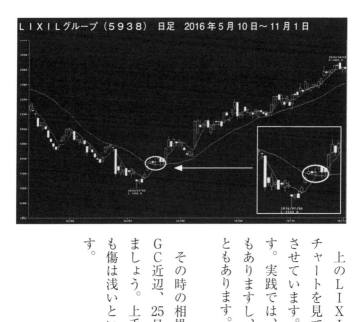

買いのエントリーチャンス　ポイント②&③

GC後に株価が上昇をはじめると、じわじわと25日移動平均線の傾きが上向いてきます。そうすると上昇トレンドの発生が期待できます。上昇トレンドが発生した場合、むやみに深追いせずに押し目買いのポイントを狙います。

花王（4452）のチャート（下図）を見てください。「A」はGCのポイントですが、ここでエントリーできなければ、深追いせずに次のポイント「B」を待ちます。GC後、最初の25日移動平均線タッチは初押しと言われる局面で、絶好の押し目買いポイントとなります。

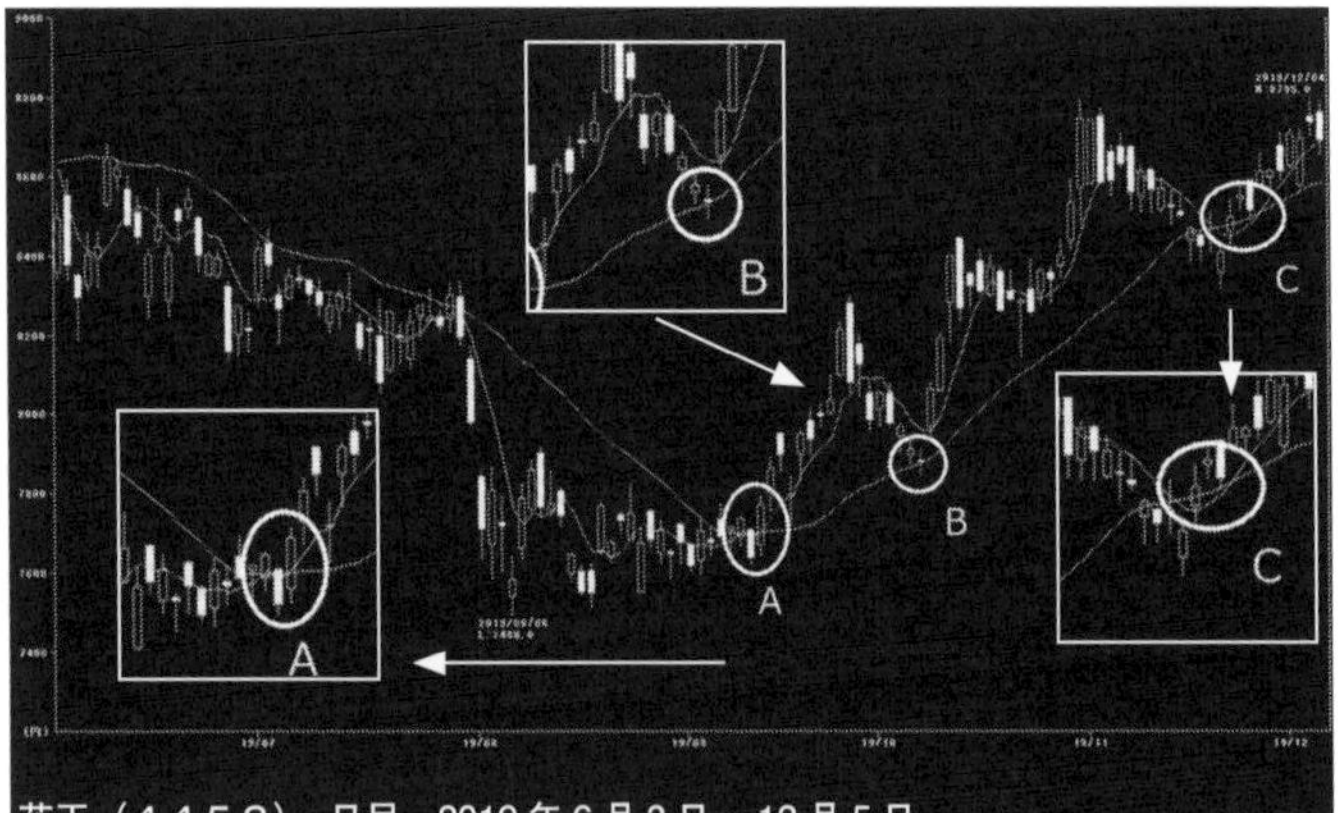

花王（4452）　日足　2019年6月3日～12月5日

初押しを見逃した場合でも、深追いせずに再度25日移動平均線に押してくるのを待ちます。それが、ポイント「C」です。ただし、実践では、25日移動平均線を一時的に割り込んでくるような値動きもよくありますので注意が必要です。

一般的に「ダマシ」と言われる値動きで、エントリーしたポジションを手仕舞ってしまうことも多い局面です。この場合の「ダマシ」ですが、値動きを見極めるのはなかなか難しいので、迷ったら手仕舞っても問題ありません。

慣れてくると、ちょっとした深押しなら見極めがつく場合もありますので、相場全体を観察しながらチャート分析をしたいものです。もちろん、ややこしい局面は、さくっと手仕舞って、再度チャートがきれいになってからの再エントリーでも問題ないです。

買いのエントリーチャンス　ポイント④

コロナショックの影響で、相当売り込まれている丸紅（８００２）の日足チャート（下図）です。売られすぎ状態からの反発を狙って買いでエントリーすることになります。チャートの右端のローソク足を見てください。きれいなくいっとチャートが登場しています。

売られすぎ局面と言っても、感覚的な逆張りエントリーは非常に危険です。つまり、それなりのトレード技術がないと大きな損失へとつながる可能性があります。

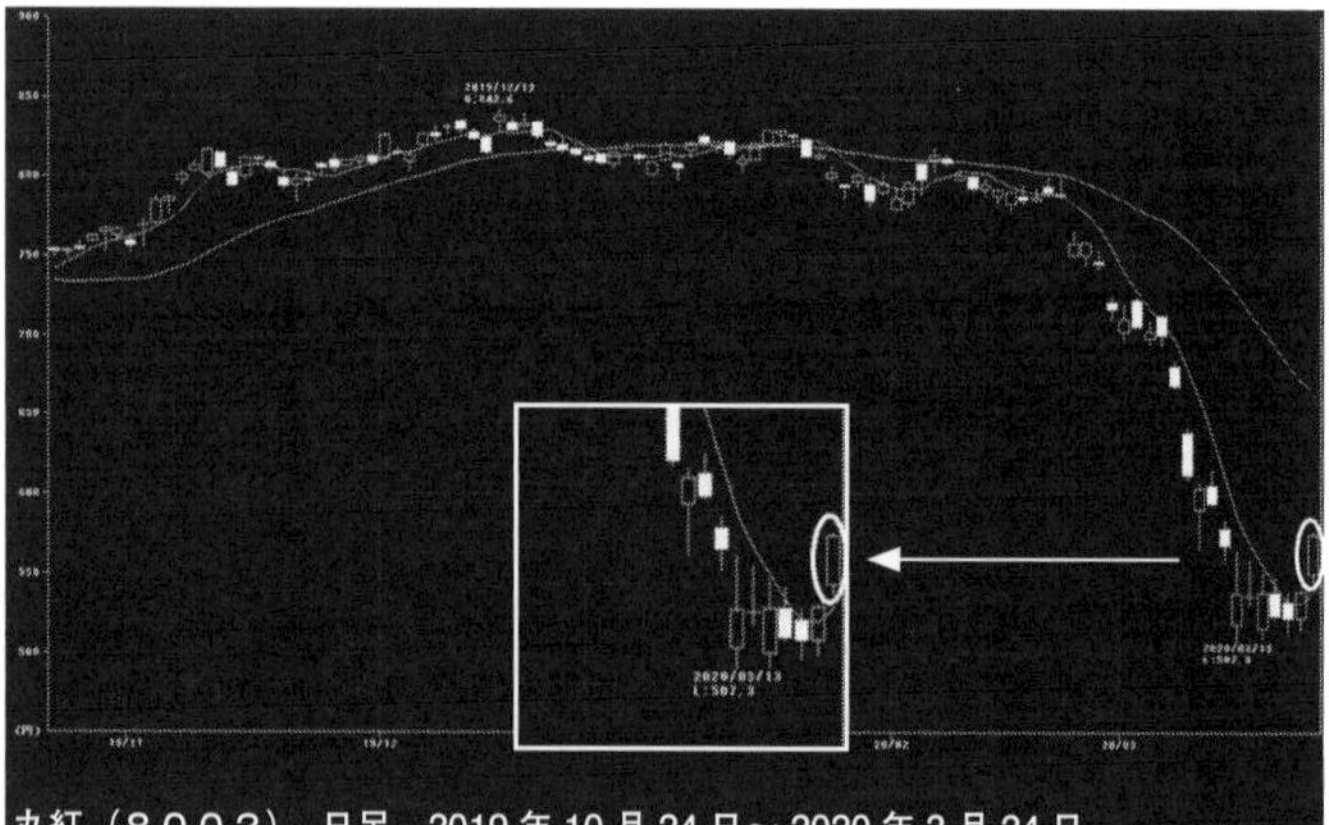
丸紅（８００２）　日足　2019 年 10 月 24 日～ 2020 年 3 月 24 日

なので、明確な反発サインを待つことになります。その反発サインは、くいっとチャートです。それに加えて、相場全体の状況を観察しながらトレードをすれば、勝てる確率はグッと高まります。

売りのエントリーチャンス　ポイント①

相場がある程度の期間、上昇を続けた後に、25日移動平均線の傾きが徐々に水平になってきます。このタイミングで5日移動平均線が上から下に抜けたのを確認して、売りエントリーするポイントです。DCのタイミングです。

下の花王（４４５２）のチャートを見てくだ

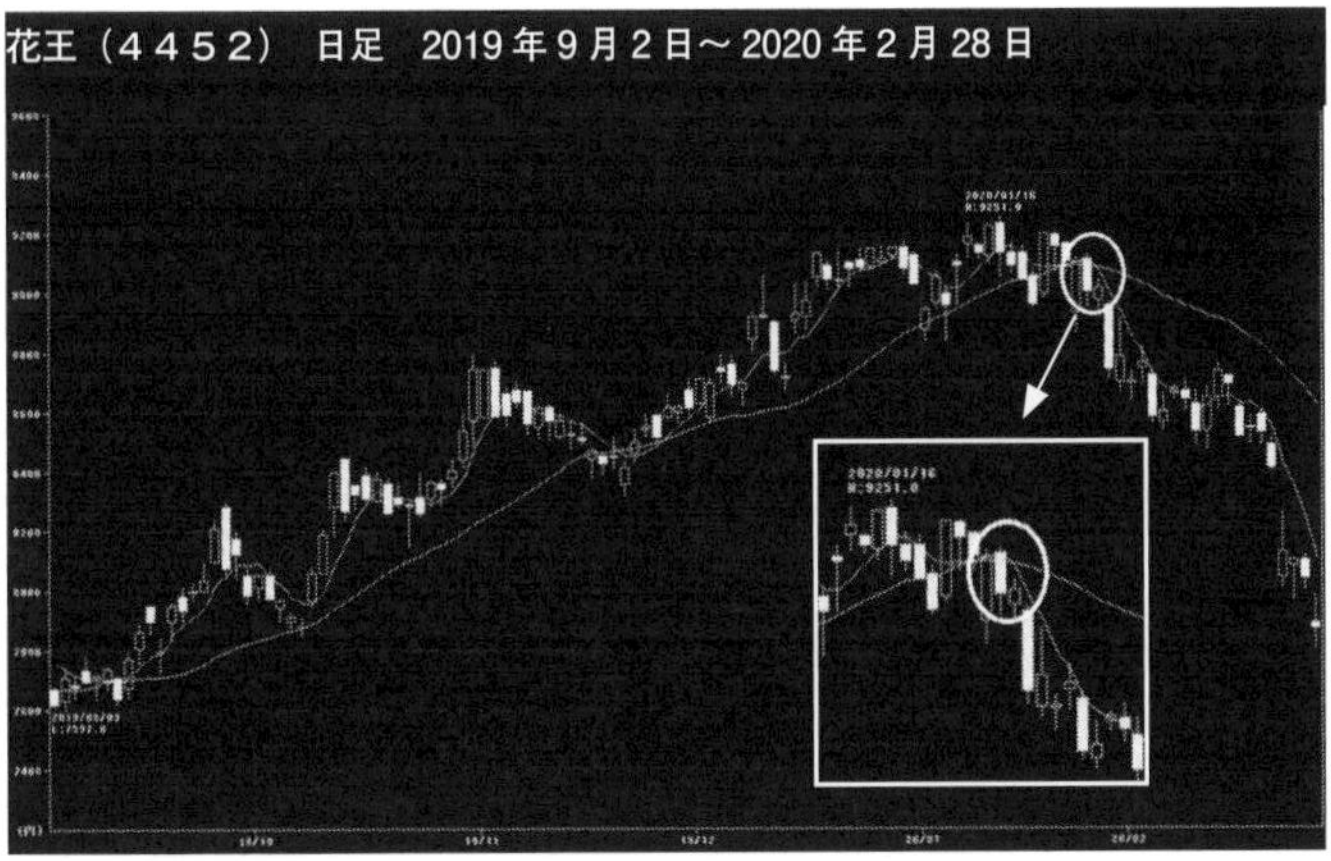

花王（４４５２）　日足　2019年9月2日～2020年2月28日

さい。きれいなDCサインが出ています。DCはトレンドの転換点でもあるので、絶好のエントリーポイントとなります。ここから下降トレンドが発生すれば大きな利益となります。

DCは頻繁に出るサインではないですが、この手のサインは見逃し厳禁です。エントリーの後は大きなトレンドが発生するのを待つだけです。もちろん、前回高値を超えてくるような値動きになれば、迷わずロスカットしてください。ためらいは厳禁、チャンスはいくらでもありますので。

その時の相場状況にもよりますが、なるべくDC近辺、25日移動平均線近辺でエントリーしましょう。上手くいけば大きな利益、失敗しても傷は浅いというトレードがしやすいポイントです。

売りのエントリーチャンス　ポイント②＆③

下のキーエンス（６８６１）の日足チャートを見てください。○印に注目です。

ＤＣ完了後に株価は下落をはじめ、25日移動平均線の傾きも少しずつ下を向いてきました。○印では、25日移動平均線が下向きなので下降トレンドと読みます。

とすると、25日移動平均線近辺は絶好の戻り売り局面となります。ＤＣ時にエントリーを完了して、すでに含み益があるなら、このタイミングで利乗せを狙うのも面白いです。

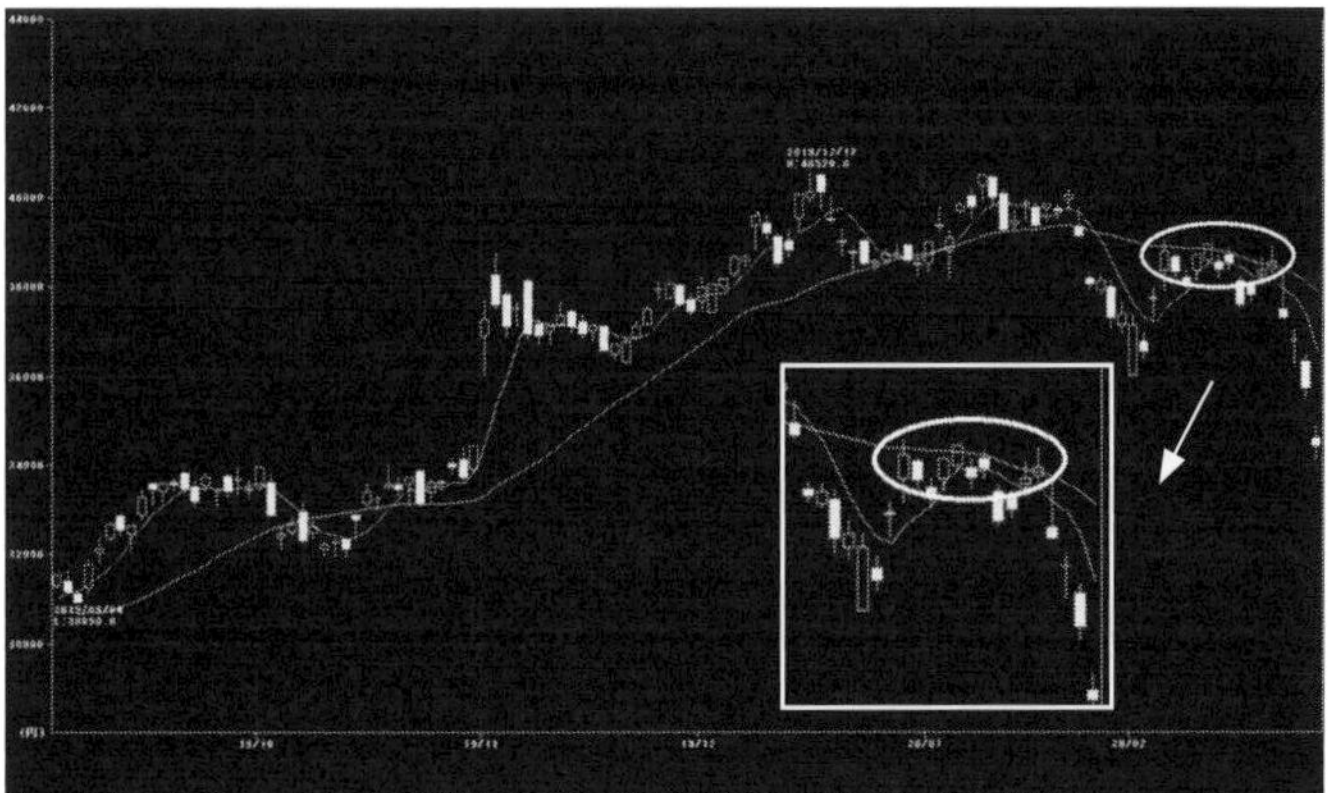

キーエンス（６８６１）　日足　2019年９月２日～2020年２月28日

実践では、25日移動平均線を多少超えてくることがよくあります。いわゆる「ダマシ」と言われるのでしょうが、私は「ゆらぎ」と呼んでいます。どうしても、トレンド転換時にはこのような「ゆらぎ」が発生します。

裏を返せば、このような「ゆらぎ」が発生しているということは、トレンド転換の可能性が高い局面とも判断できます。

ただ、「ゆらぎ」が大きいと、エントリーしたポジションがロスカットに引っ掛かってしまうこともありますが、これは仕方がないことですので、次のチャンスを狙うか、違う銘柄を狙いましょう。

このチャートパターンに慣れてくると、ちょっとした深戻しの局面かどうか、相場全体を観察しながらある程度は判断できるようになります。あまりにも振り回されるようでしたら、さくっと手仕舞って、再度チャートがきれいになってからの再エントリーでも問題ないです。

売りのエントリーチャンス　ポイント④

株価が大きく上昇し、いわゆる買われすぎの状態になった時に、逆張り的にエントリーするポイントとなります。

特に空売りを巻き込んでいる場合は、締め上げられた売り方がロスカットのために買い戻しを行いますが、この買い戻しでさらに上昇し、これがさらなる新規買いを巻き込み、さらに噴き上げることもあります。従って、それなりのトレード技術がないと大きな損失へとつながる可能性もある局面だと認識してください。

実践では、移動平均線だけでなく、相場全体の観察に加え、他の指標や出来高を確認しながらのトレードとなります。大局的なトレンドに反するポイントのため、それなりの場数と知識が必要です。

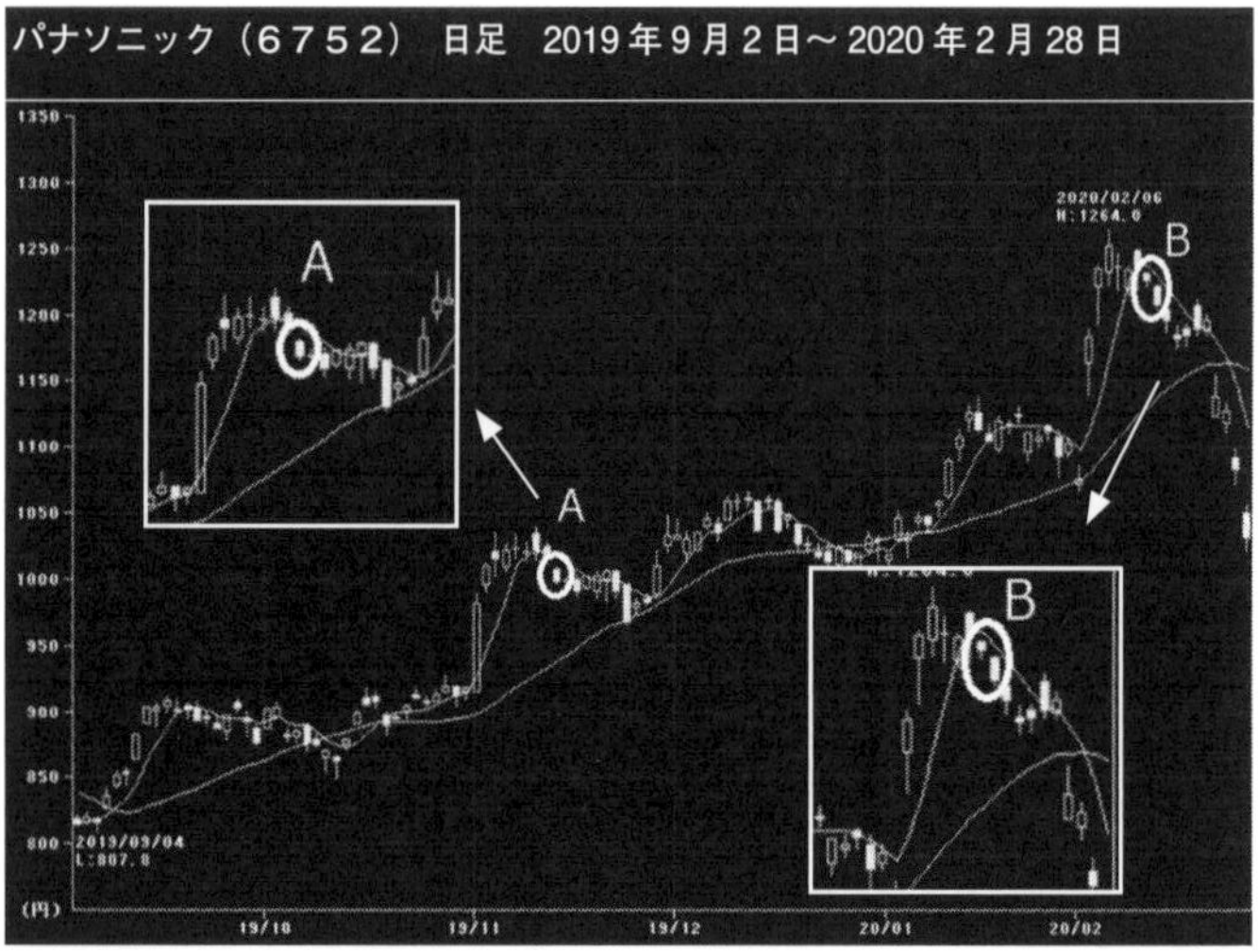

上のパナソニック（6752）の日足チャートを見てください。大きな波を打っているきれいな上昇トレンドのチャートです。

ところどころ、買われすぎたところが見受けられます。そんな状況下で、がっくりチャートが登場したところで空売りを仕掛けます。いくつかのエントリーポイントはありますが、チャート内の2つの○印に注目してください。

上昇している時に、感覚的に空売りするようなことはしません。必ず5日移動平均線を割り込み、がっくりチャートが

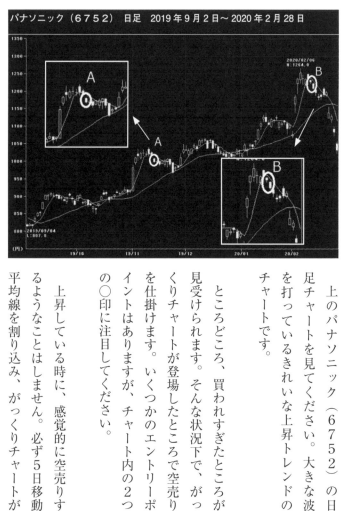

登場してから仕掛けます。もちろん、エントリー後に再上昇の可能性もありますので、がっくりチャートが崩れ、再度くいっとチャートの登場、もしくは前回の高値を超えてくるようでしたら、ロスカットとなります。

このパナソニックの日足チャートは、「A」「B」できれいながっくりチャートが登場し、そこから下落しています。

「A」では、教科書通りに25日移動平均線までの調整をしています。「B」では、◯印の中に陰線が２つありますが、どちらでエントリーしても問題ありません。このがっくりチャート形成後から、一気に25日移動平均線を割り込み、トレンド転換となっていいます。たまには、こんなトレンド転換に出くわし、大きな利益を運んできてくれます。

【第2章　まとめ】

移動平均線を上手く使えないのに移動平均線を批判する人、エントリーポイントが悪いのにエグジットポイントを語る人、損失を出しているのに税金について話す人、日本株で損失を出しているに米国株を熱く語る人、飲み会の場で含み損について語る勘違いが過ぎる人、相場の世界にはいろんな人がいます。

ちょっと小難しい投資理論や経済の知識が必要ですかと問われれば、必要と答えます。でも、その前にやることがあるでしょう、って付け足します。

エントリーのタイミングは極めて重要です。なので、エントリーのタイミングからスタートすべきです。そして、そのエントリーのタイミングをとるのに移動平均線を使うのです。

そうすれば、ちょっと時間がかかるかもしれませんが、勝ちながら勉強できるのです。私も嫌ほど経験しましたが、負けながらの勉強はかなりきついです。経済的にも精神的にも。

ならば、勝ちながら勉強するのがベストです。では、何をすべきか。まずは、くいっとチャート、がっくりチャート、ＧＣ、ＤＣなどの基本ポイントです。これだけでも利益は出ますから。

慣れてくると、グランビルの法則をベースとして、自分の得意なパターンを見つけ、徹底的に使いこみます。その過程で失敗もあると思いますが、その失敗を糧にして、さらにレベルアップしていきます。

しかし、これができない人が圧倒的に多いです。理由は、チャンスまで待てないのです。しかも、負ける確率が高いところでエントリーし、ロスカットになり、それを繰り返します。そして、肝心のチャンスでは見逃しとなるのです。

まずは、やるべきことをひとつ絞り、それを徹底的に研究する。自分なりのガチっとしたトレードスタイルが固まったら、しっかりと利益が出始めます。というか、思った以上の利益を手にすることになります。諦めなければ、そんな日はそんなに遠くありません。それまでは、日々鍛錬です。諦めず、少しずつ前進あるのみです。

第3章

株で利益を出すための手順

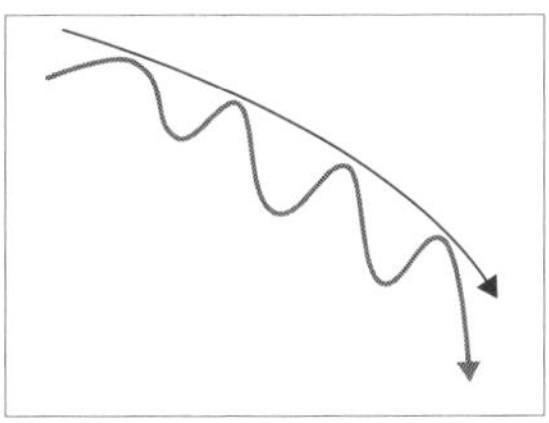

1 銘柄は日経225採用銘柄からお好きなものを

いざ銘柄探しをしようと思えば、たくさんありすぎて目移りします。しかも、命と同じぐらい大切な資金を投入するわけですから、自信がないとなかなか決めることは出来ないです。そこで、失敗しない銘柄選びの方法を紹介します。

銘柄選びのヒント

○日経225採用銘柄からお好きなものを定点観測
○時価総額が大きい銘柄を選ぶ
○25日移動平均乖離率で銘柄選択
○上場したての新興銘柄を狙う
○投資メルマガ、業界紙、投資情報サイトから良さそうな銘柄を拾う右記の方法の中のどれが最も良いのかは、リスクの取り方、投資スタンス、相場状況によって異なります。つまり、相場状況によって、利益を出せる銘柄を上手く拾う必要があるということになります。少し時間がかかりますが、自ら銘柄選択し、実際にトレードすることにより、自分なりの銘柄選択法が構築できます。

（１）日経225採用銘柄からお好きなものを定点観測

まずは、日経２２５採用銘柄から好きなものを選び、定点観測するという方法です。最初のうちは、この方法がいちばん良いと思います。テレビコマーシャルに流れているような、名の知れた主要銘柄を選んでおけば、不安な気持ちもおさえることが出来ますので、株初心者にはおすすめです。

具体的な日経２２５採用銘柄ですが、ここでは紹介しないですが、「日経２２５採用銘柄」で検索してみてください。一発で見つかります。

225銘柄を目の当たりにすると、たくさんあって絞り込めないってなるかもしれません。そこで、おすすめの定点観測用10銘柄を紹介します。もちろん、自分に合わなければどんどんと入れ替えを行い、銘柄チェックの時間的、精神的余裕ができれば、さらに銘柄数を増やしていくのが良いでしょう。

銘柄数が増えるとチャートチェックに時間がかかりますが、慣れてくると思ったほど時間はかかりません。しかも、銘柄数を増やせばエントリーチャンスも増えることにつながります。つまり、収益機会が増えるのです。投資スタンスによって監視する銘柄数は異なりますが、短期売買を前提とすると、30～50銘柄の監視銘柄数があれば、毎日チャートチェックするのが楽しくなると思います。

では、おすすめの10銘柄を紹介します。

◆大成建設（1801）
◆DeNA（2432）
◆東レ（3402）
◆三井化学（4183）

◆ブリヂストン（5108）　　◆パナソニック（6752）
◆トヨタ自動車（7203）　　◆丸紅（8002）
◆東京エレクトロン（8035）　　◆ソフトバンク（9984）

自分の追跡したい銘柄が決まってない場合は、悩んでいても前に進まないので、ここからスタートするのが良いと思います。できれば毎日、右記銘柄のチャートをチェックしましょう。平日時間が取れない方は、土日に時間をとってチャートチェックしましょう。

繰り返しになりますが、ある程度慣れてくると追跡する銘柄数を増やしましょう。監視銘柄数を増やすということは、手間がかかり面倒くさいと考える株初心者の方が多いですが、単に収益機会が増えるだけでなく、多くの個別銘柄の値動きを把握することで、相場全体の流れを把握することにもつながります。

（2）時価総額が大きい銘柄を選ぶ

日経225採用銘柄の中でお気に入りが見つからない場合は、時価総額が大きい銘柄を探しましょう。これらの銘柄も、検索窓に「時価総額が大きい銘柄」と打ち込み、検索すればすぐに見つけることができます。

日経225採用銘柄と重複する銘柄も多いですが、気にせずお気に入りを探してください。日経225採用銘柄や時価総額が大きい銘柄を狙う理由は、値動きが読みやすく、トレードがしやすいからです。

（3）25日移動平均乖離率で銘柄選択

実践に慣れてくると、短期トレードで勝負したくなります。短期トレードの場合は、動いている銘柄、もしくは動きそうな銘柄を狙うことになります。

本書でのチャート分析の基本は５・25日移動平均線分析なので、25日移動平均線からの乖離率が大きい銘柄を狙います。これは、過去の経験からしても結果が出やすいです。しかも、今では株価チャートツールや株式投資情報サイトで簡単に見つけることができます。

この25日移動平均乖離率を使い、銘柄を探してエントリーすることは、グランビルの法則の買われすぎたところからの調整狙い、売られすぎたところからの反発狙いをすることです。

25日移動平均乖離率とは、現在の株価が25日移動平均線からどれぐらいはなれているのかを表した比率を言います。株価と25日移動平均乖離率のイメージとして、簡単な図を作ってみました。

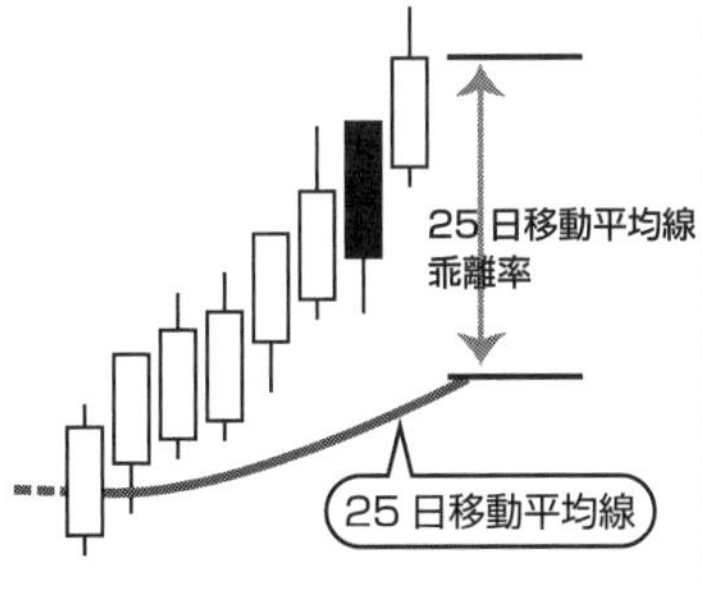

上昇トレンド中の25日移動平均乖離率は
この幅を指す

なぜエントリーポイントになるのかというと、25日移動平均線から乖離しすぎた株価は、25日移動平均線の方向へ引き寄せられる力が働くからです。つまり、反発・反落しようとする値動きを狙って利益を獲りに行くのです。これが移動平均乖離率トレードになります。

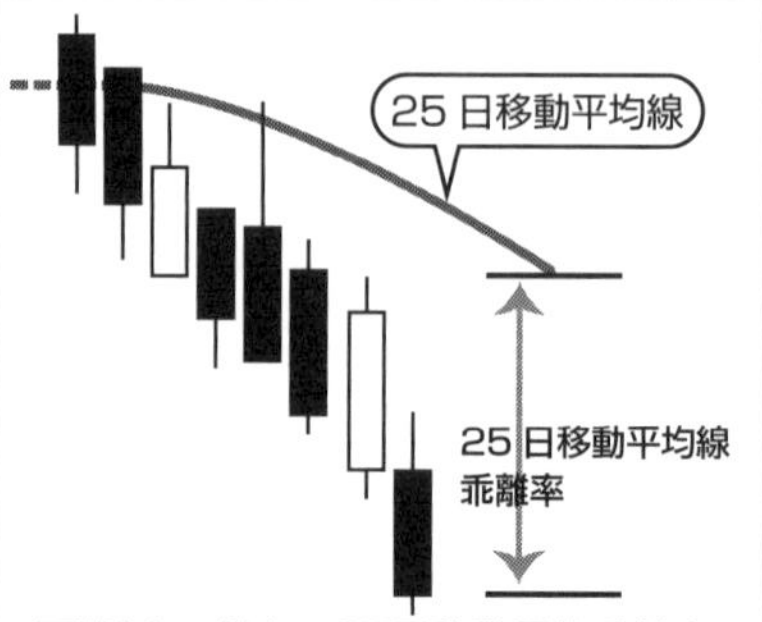

下降トレンド中の25日移動平均乖離率は
この幅を指す

トレードするには、かなり有効な25日移動平均乖離率ですが、他のテクニカル指標と同じように、使える局面とそうでない局面があります。使えない時に無理して使えば損失につながりますので、注意が必要です。

ここで問題となるのは25日移動平均乖離率の数字です。25日移動平均乖離率が何％以上、何％以下のものが銘柄選択の対象となるのかというと、正確にはその時々の相場によって異なります。

さらに、気を付けて頂きたいのは、25日移動平均線までの反発、調整を狙うトレードなので、大局的な相場の流れに反するエントリーとなります。人によっては逆張りという局面になります。

なので、無闇にエントリーするわけではありません。しっかりと5・25日移動平均線分析で値動きを予測し、エントリーチャンスがあればエントリーします。

繰り返しますが、トレンドと反対のポジションを取ることになるので、エントリーした後もしっかりと値動きを観察し、ストップロスの設定を忘れずに。

（4）上場したての新興銘柄を狙う

時価総額が大きくて、出来高が多い銘柄は、値動きは読みやすいけど、爆発的な上昇は期待しにくいです。では、2倍、5倍、運が良ければ10倍という銘柄を見つけるにはどうしたらいいのかというと、やはり上場したての新興銘柄です。

具体的に何をどう狙うのかというと、かなり難しくなってきます。ここでは、上場後から数か月の下落を続けて、5・25日移動平均線がGCするところ、もしくはGC直後のくいっとチャートを狙ってエントリーするチャートパターンを紹介します。

２０１９年3月13日に上場したサーバーワークス（４４３４）の日足チャート（下図）を見てください。上場日から乱高下を繰り返

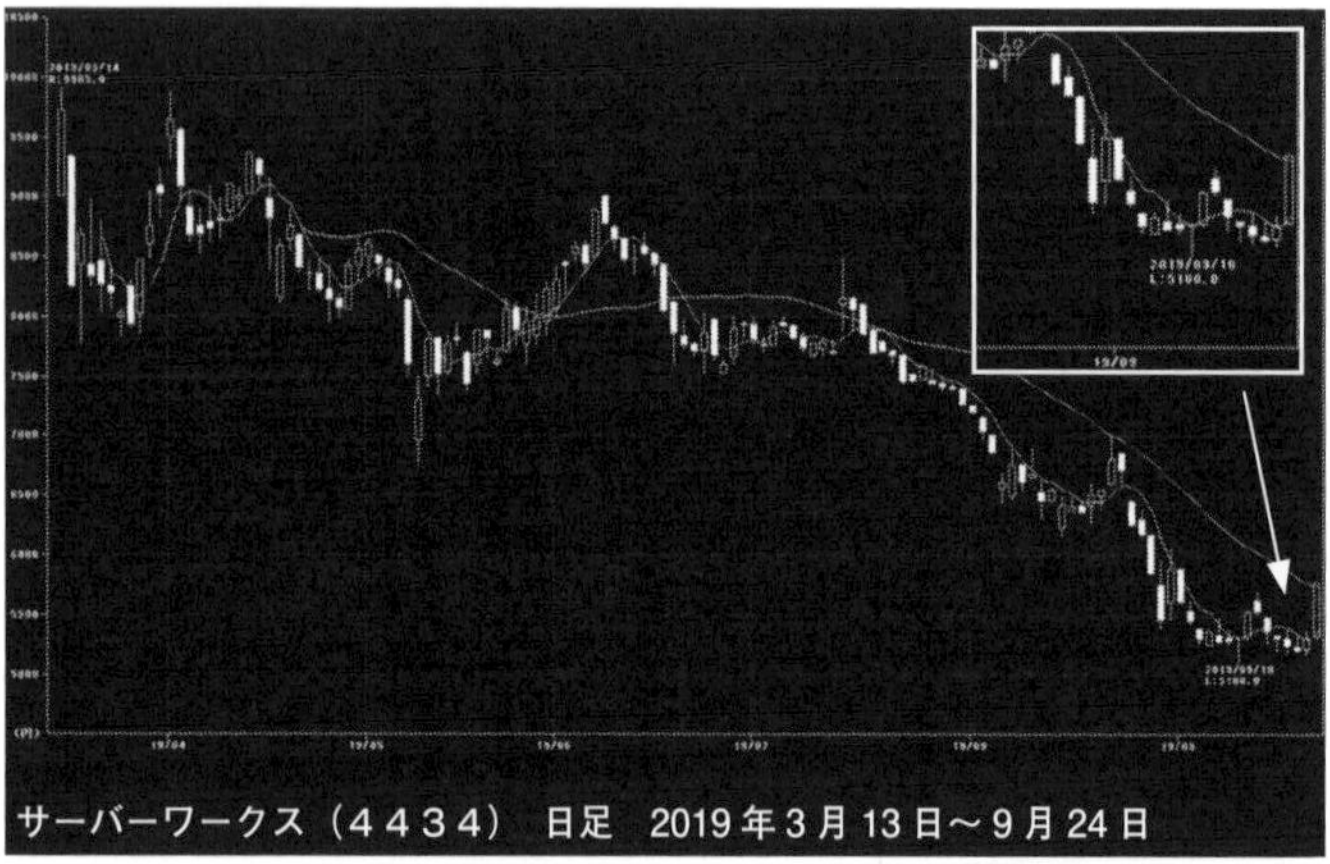

サーバーワークス（４４３４） 日足 2019年3月13日～9月24日

し、じわじわと下落しているのがわかります。

右端のローソク足を見てください。大きめの陽線を出しています。しっかりと25日移動平均線がレジスタンスとなっているのがわかります。この25日移動平均線をブレイクアップしないと上昇トレンドには転換しませんので、引き続き追跡を続けます。

この翌日の9月25日のチャート（下図）を見てみましょう。きれいに25日移動平均線をブレイクアップしてきました。

ザラ場を見ることができれば、このタイミングで飛び乗ることも可能です。あらかじめ上昇

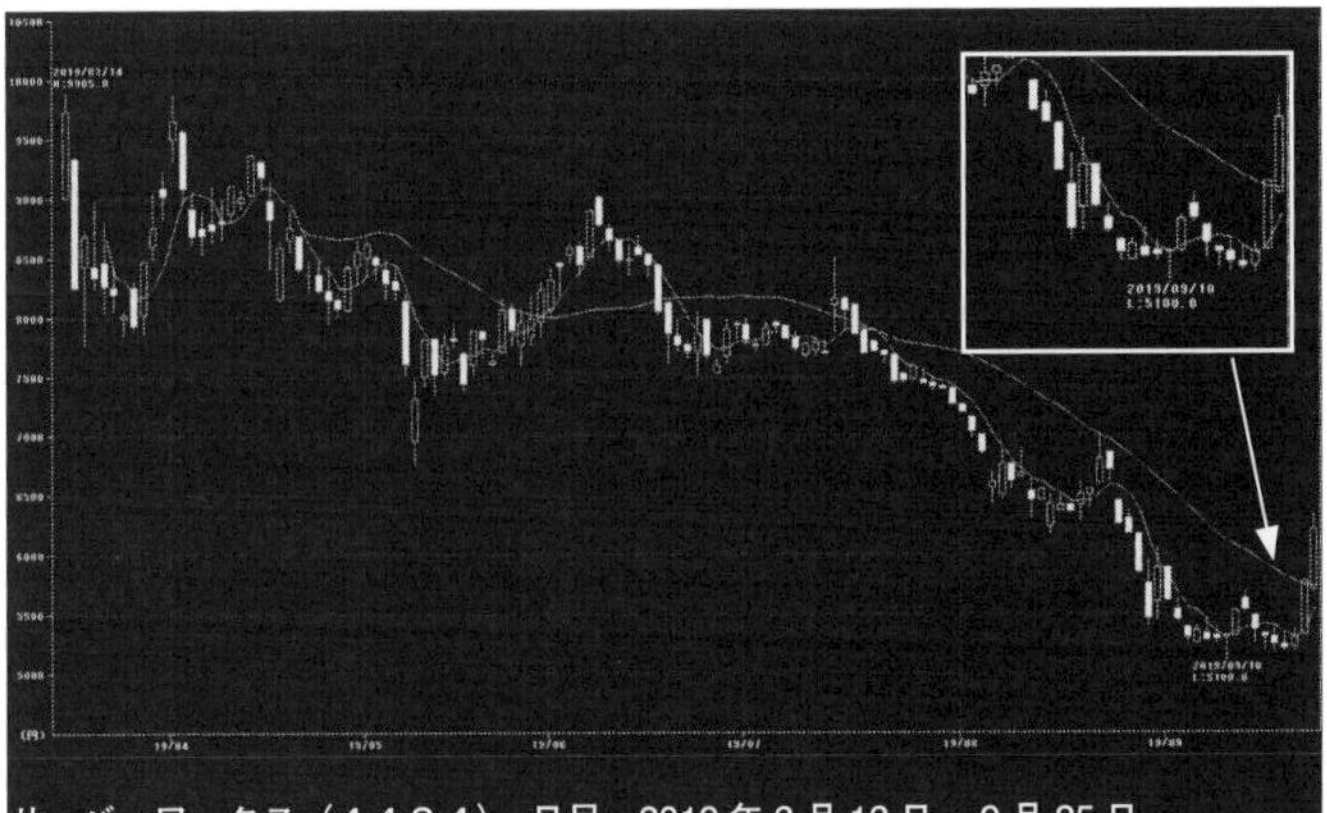

サーバーワークス（４４３４）　日足　2019年3月13日〜9月25日

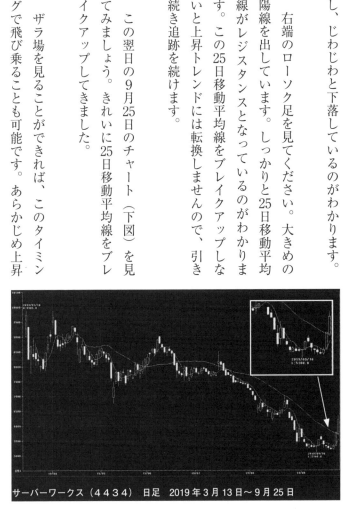

してくることを先読みし、逆指値を使ってエントリーするのも手です。もしくは、お昼休みにチャートをチェックできるようでしたら、後場の寄り付きで注文を飛ばすのも手です。

ただし、かなり大きな陽線が出た場合は深追いしない方が良いです。確かに、もっともっと上昇することもあるのが新興銘柄なのですが、反対に動けば傷を負うことになりますから、避ける癖をつけましょう。

大きめの陽線が2～3本出れば、その翌日、翌々日には落ちてくることも多いので、落ちてきたところをエントリーです。もちろん、落ちてこなければ、深追い厳禁です。実践では、必ずと言っていいほど落ちてきますので、そのチャンスまで待ちましょう。

待てば必ずチャンスがくるのです。次ページ上のチャート、右端□印の陽線を見てください。一旦は25日移動平均線を割り込み、再度下降トレンドかと考え始める頃に一気に切り返してきました。このようなパターンって結構ありますので、完全に下降

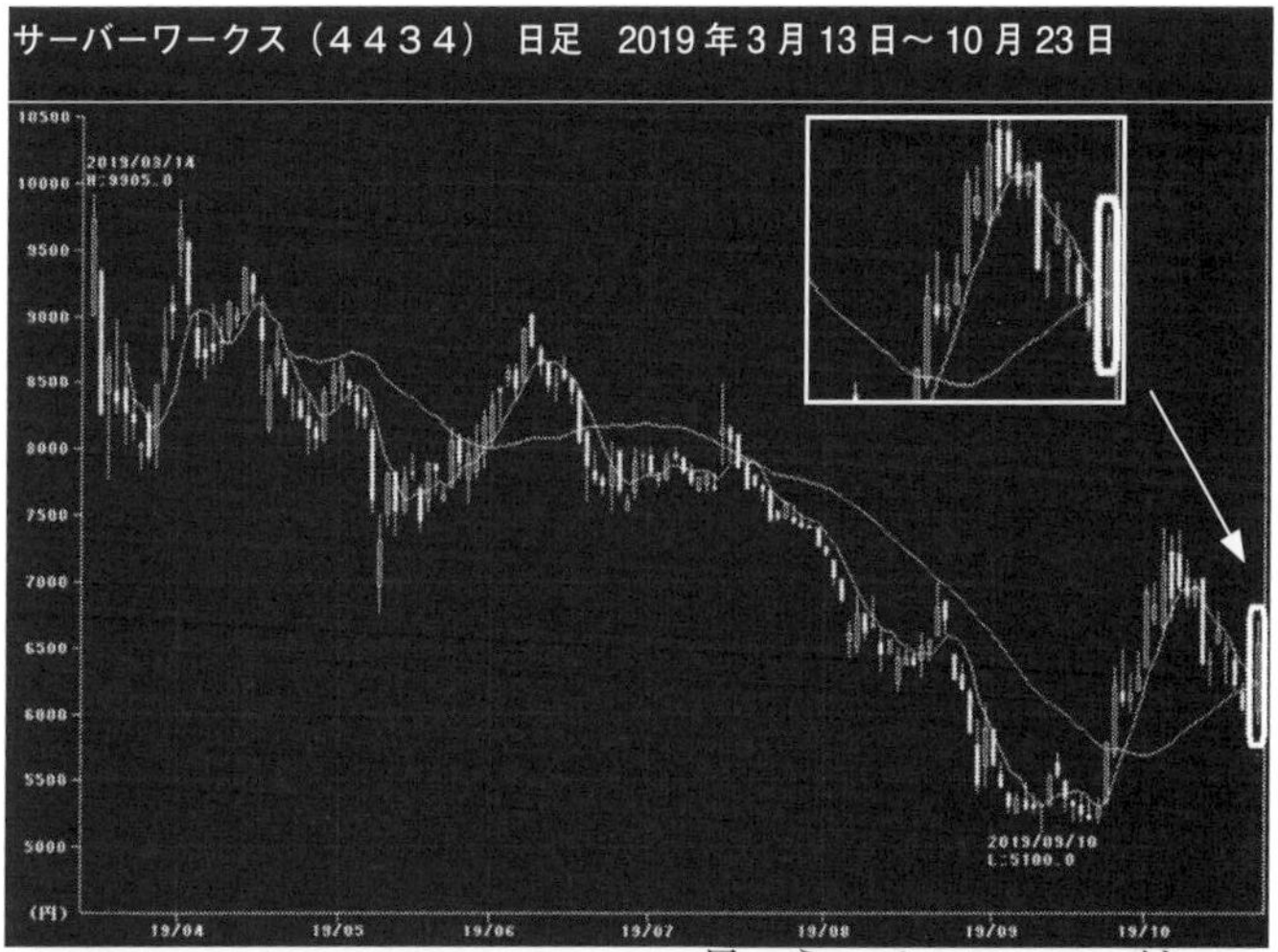
サーバーワークス（４４３４）　日足　2019年3月13日～10月23日
2019/03/14
H:9905.0
2019/09/10
L:5100.0
(円)
19/04
19/05
19/06
19/07
19/08
19/09
19/10

サーバーワークス（４４３４）　日足　2019年9月10日～2020年4月9日
2020/04/09
H:19350.0
2019/09/10
L:5100.0
(円)
19/10
19/11
19/12
20/01
20/02
20/03
20/04

（5）投資メルマガ、業界紙、投資情報サイトから良さそうな銘柄を拾う

今では無数ともいえる株式投資のメルマガや情報サイトが存在します。もし、お気に入りサイトがあるのでしたら、そこから銘柄を拾ってくるのも手です。あっという間に定点観測用銘柄が見つかります。

内容が良ければ有料会員になればいいのです。場合によっては、投資顧問会社から銘柄を購入するのも良いでしょう。時間の節約にもなりますので、自己投資としても有効です。

ただし、最初から有料サービスを使うと、銘柄選択のノウハウは構築できないし、トレードも上手くなりません。また、投資顧問会社の中には、結構ひどい銘柄や無茶なタイミングでのエントリーをすすめてくるところもあります。その良し悪しの判断ができるまでは、自らのスキルアップに全力を注ぎましょう。

2 利益を出すためにはトレンドに逆らわないこと

コロナショックが始まり、大きく下落した3月上旬、巷では「暴落は絶好のチャンス！」、「バーゲンセール、今が底！」、「暴落はチャンス、底を狙え！」、「セリングクライマックスは大底！」という感じで盛り上がっていました。しかし、無闇に飛びつけば資金が底をつくのですが。

大きく株価が下がると、買いたくて、買いたくて仕方がなくなる人が多いです。これは、逆張り投資家が多いってことです。実際、急落・暴落が起こると証券会社の新規口座開設が増え、休眠口座が目覚めるそうです。

下落途中に買い向かうことを逆張りと言いますが、単に20％、30％下落したからと言って、感覚的に逆張りでエントリーすれば大怪我をします。株価が大きく下げる時には、大きく売られる理由があります。そして、売りの勢いが弱まるまでは、徹底的に売られ続けます。

株式投資で大きな利益を得るにはトレンドに乗ることです。逆張りで得られる利益なんて、トレンドに乗って得られる利益に比べれば比較になりません。

ひとたびトレンドが発生すると、そのトレンド以上の反対の力が加わるまで、継続します。よく相場を物理学で説明されていることからもイメージできるかと思います。相場で生き残るためには、安易な逆張りは避けた方が無難です。

とすると、上昇トレンドの時には買いから攻める、下降トレンドの時は売りから攻めるということになります。つまり、トレンドに従うということです。言われてみれば当たり前のことですが、相場に向かうとなかなか難しいものです。

「短期の投資スタイルが良いのか、それとも中長期の投資スタイルが良いのか」という議論がありますが、それは相場が決めることです。つまり、小さなトレンドなら短期トレード、大きなトレンドなら中長期投資と相場を観察しながら、どのスタイルが適切なのかを読み解く必要があるのです。すなわち、相場が決めるトレンドを見極め、逆らわないことが重要です。

また、暴落時に買って、中長期で保有するという考え方もありますが、それで将来的に利益になるのであれば、「暴落は絶好のチャンス」というひとつの投資法として有効です。

3　定点観測こそが利益をもたらす

小さなトレンドか、それとも大きなトレンドか、なかなか予測するのは難しいです。ただ、無理に相場を予測する必要はなく、トレンドに従うのです。相場で利益を出すためには、難解な分析法や複雑な手法は必要ではありません。

相場で利益を出すためには、その銘柄のトレンドをしっかりと観察し、その流れに乗ることです。言い換えると、トレンド発生と考えられるサインをあらかじめ決めておき、そのサインが点灯したらエントリーするのです。

そして、そこからトレンドが発生したら、ホールド開始です。そのトレンドの継続に何らかの疑問が発生した時には、その銘柄から降りればよいのです。

その銘柄のトレンドの発生可能性の高いポイントを見極めるためには、やはり定点観測が必要になってきます。

まずは、次ページの商船三井（９１０４）の日足チャートを見てください。チャートを見るとあまり積極的にトレードできるような局面ではないですが、実践ではありがちなものです。

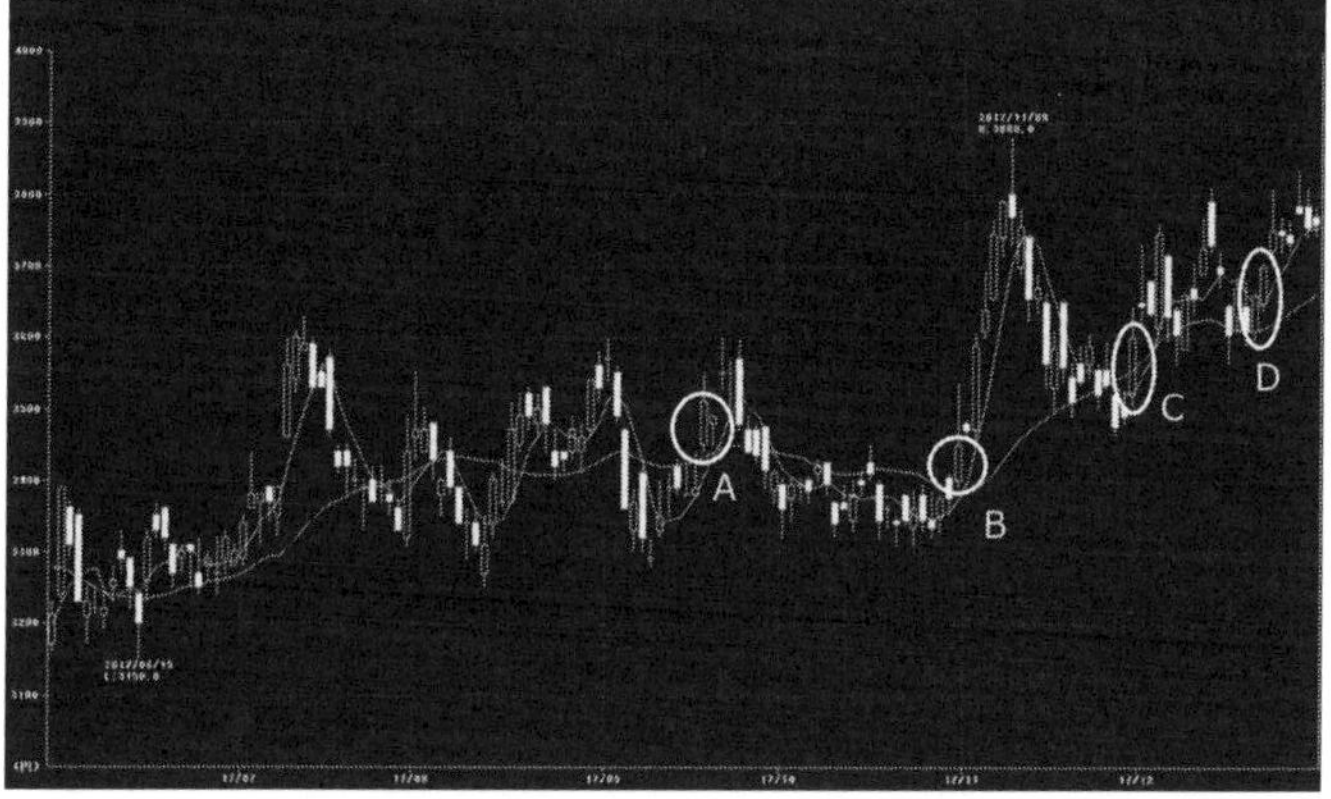

商船三井（９１０４）　日足　2017年6月1日～12月29日

チャート内の「B」を見てください。５・25日移動平均線の上に腰掛けるような陽線が登場し、今から上昇しそうな雰囲気を出しております。結局、ここから上昇しているのがわかります。

ここで「A」を見てください。同じように５・25日移動平均線の上に腰掛けるような陽線が登場し、エントリーのタイミングとも思えます。しかし、多少上昇するも失速し、再度25日移動平均線を割り込むような値動きになっています。

「A」のタイミング、またそれ以前の値動きを見ると、25日移動平均線を行ったり来たりとゆらゆらと揺れている値動きです。つまり、このような値動きの時には、サインとして認識できるような陽線が立っても、その後にトレンドが発生せず、すぐに失速ということがよく起こります。

実践で、このようなタイミングでエントリーしてしまうと、結局ロスカットになってしまいます。これが2度、3度続くと、そのうちやって来る絶好のサインを見逃してしまうことにつながります。

また、このようなロスカットが続くと、少し上昇し、その後に失速という値動きが脳に刷り込まれ、利食いが早くなるような投資スタイルが構築されてしまいます。これでは、コツコツ勝って、ドカンと負けるスタイルになってしまいます。

さらには、「こんな簡単なサインは使えない」、「ダマシが多いので使えない」ということなり、より複雑なテクニカル指標に移っていくことになります。もちろん、勝てるようにはなれません。

話を戻します。とすると、「B」でもなかなか自信をもってエントリーするのは難しいということになります。しかし、見逃すときに限って上昇するのが相場なのです。今回の「B」も上昇開始です。ザラ場を見ていて飛びつくのは問題ありませんが、深追いは避けたいものです。

会社勤めしているなら、引き付けてエントリーし、スイングトレードで利益を取りに行くのがスマートなトレードです。とすると、押し目となる25日移動平均線近辺で拾いたいものです。

そうすると、25日移動平均線まで押してくるのが、「C」、「D」となります。このポイントがスイングトレードにおける絶好のエントリーポイントになります。

では、エントリーしたとして、どこで手仕舞うのかが次のポイントです。

次のページのチャートを見てください。「B」、「C」、「D」のどこでエントリーし

商船三井（９１０４） 日足 2017年６月１日～2018年２月２日

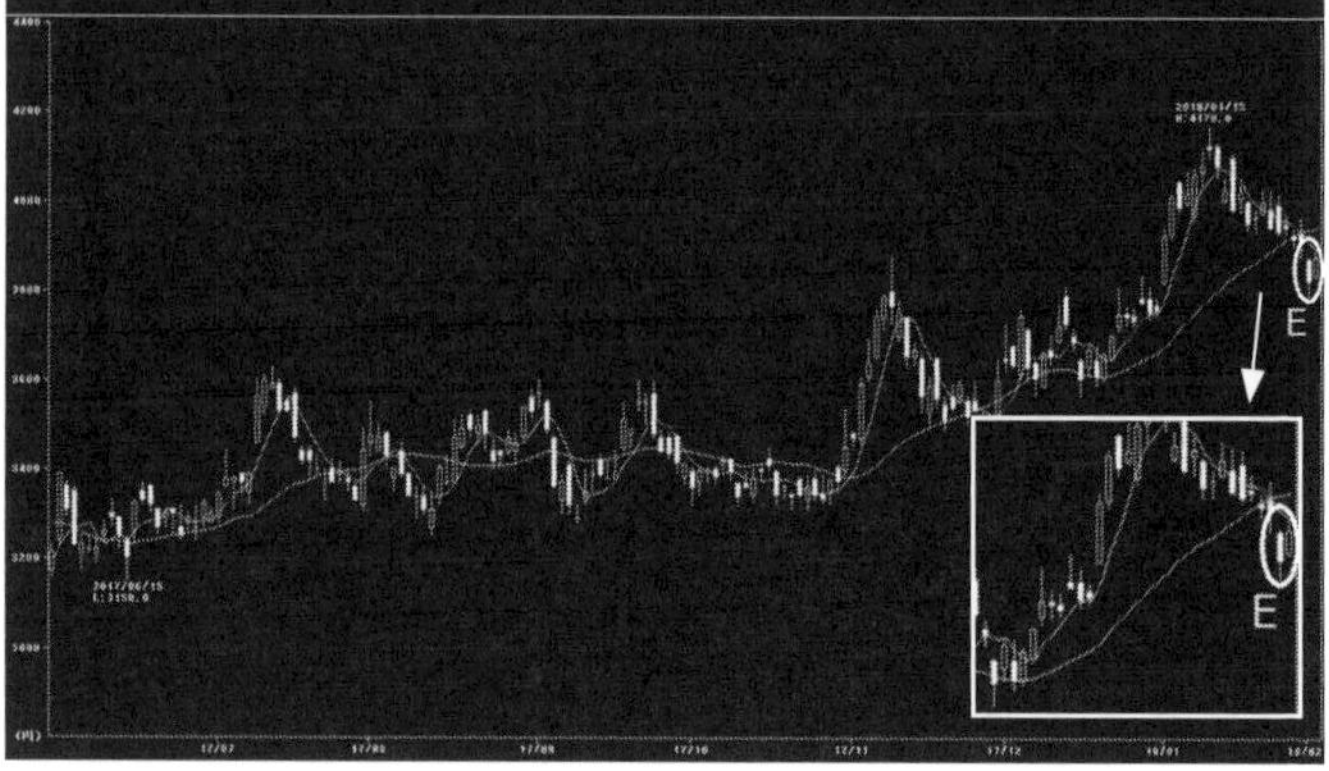

ていたとしても、トレンドの継続に何らかの疑問が発生した時に手仕舞うのです。そのポイントが「Ｅ」です。ＤＣを完了させ、本格的な下落がくるかどうかはわかりませんが、25日移動平均線を割り込み、下落の気配が漂っています。

基本的にはこのタイミングで、この銘柄から降りるのです。もし、手仕舞った後に再上昇してくれれば、再度エントリーしても良いし、銘柄を変えても良いです。丁寧なトレードをしていきましょう。

実践では個人投資家それぞれの戦略があり、トレードシナリオもエントリーのタイミングも異なります。

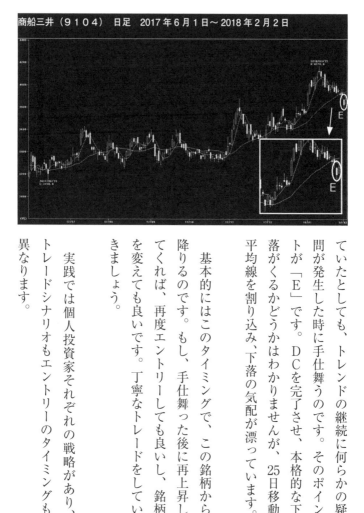

例えば、これから景気後退による大きな下落がくるという相場観があり、上昇から下落に転じるがっくりチャート登場時、ＤＣのサイン点灯時に空売りを仕掛けるというルールを作り、そのチャンスが来た時にエントリーするとします。

下の商船三井のチャートを見てください。チャート内に、「Ａ」から「Ｆ」までの○印がエントリーのタイミングとなっています。

「Ｂ」「Ｃ」「Ｄ」は、上昇から下落に転じるがっくりチャートの登場時にエントリーです。「Ａ」「Ｅ」「Ｆ」はＤＣです。

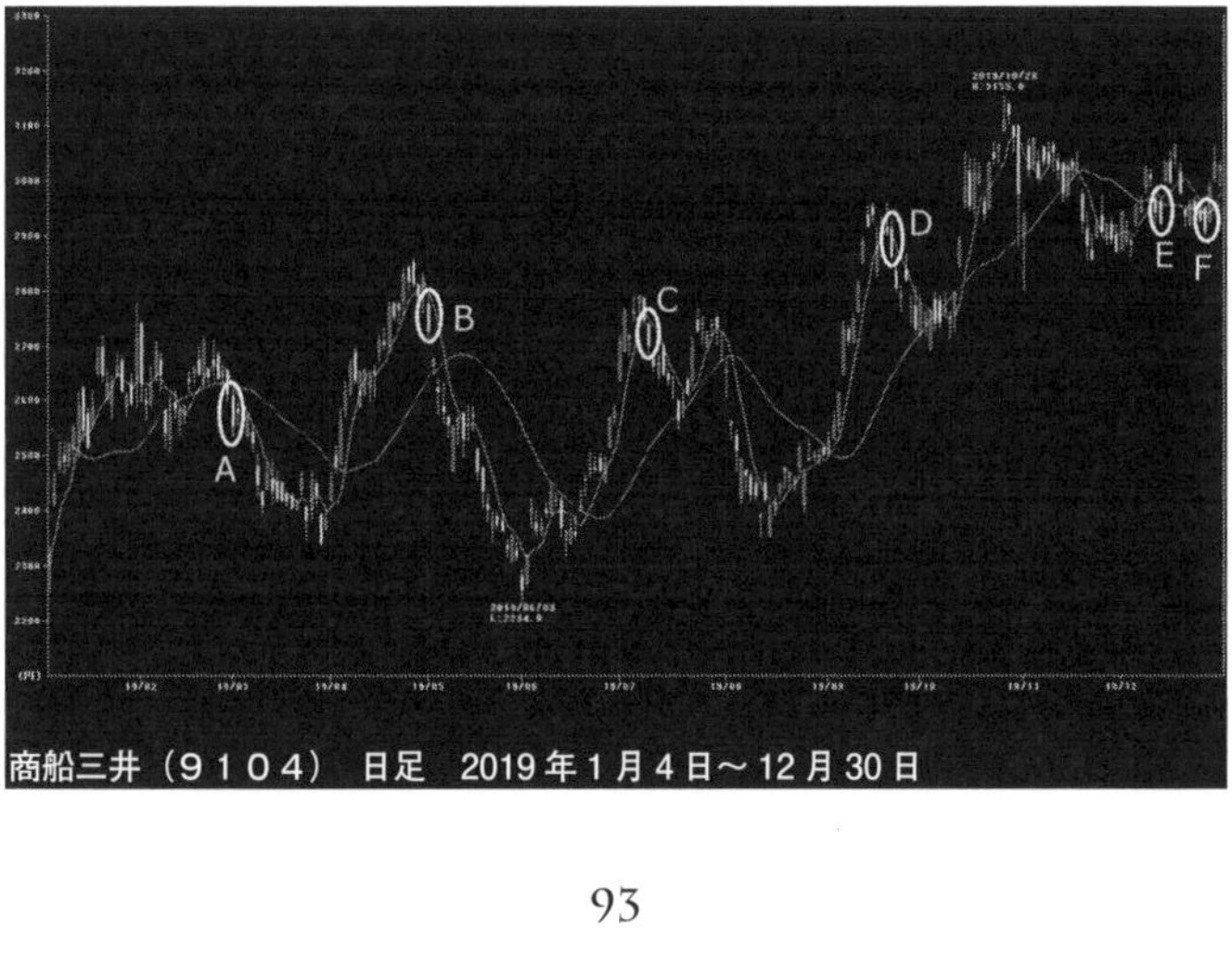

商船三井（９１０４）　日足　2019 年 1 月 4 日～ 12 月 30 日

エントリー後の結果は一目瞭然で、「A」～「D」は利益が得られますが、「E」「F」はロスカットになっています。ただ、4勝2敗ですが、損小利大というトレードが出来ていれば、十分に納得できる利益が得られます。

もちろん、6戦6勝となれば最高なのですが、相場はそう簡単には勝たせてくれませんので、ルールに則って淡々とトレードしたいものです。

4 75日移動平均線を加えて絶好のチャンスを見極める

ここまでのチャート分析は5日移動平均線と25日移動平均線とを組み合わせた5・25日移動平均線分析でエントリーのタイミングを見極めてきました。確かに、この2本の移動平均線だけで上手くいくときもありますが、相場状況によっては上手くいかない時や判断に迷う時もあります。

下のチャートを見てください。右端の2本のローソク足、陽線、陰線を○印で囲っていますが、5・25日移動平均線の下に潜り込み、ここらで空売りを仕掛けるのも良さそうなチャートになっています。ここで、89ページの商船三井のチャートの「A」を思い出してください。買いでエントリーしても、結局トレンドが出ずという局面でした。

とすると、売り買いが異なるものの、この○印のローソク足でエントリーしても、下降トレンドが出ない可能性もあります。そこを見極めるのは、この5・25日移動平均線分析だけでは判断に迷うこともあります。そこで、もう1本移動平均線を加えてみます。75日移動平均線で

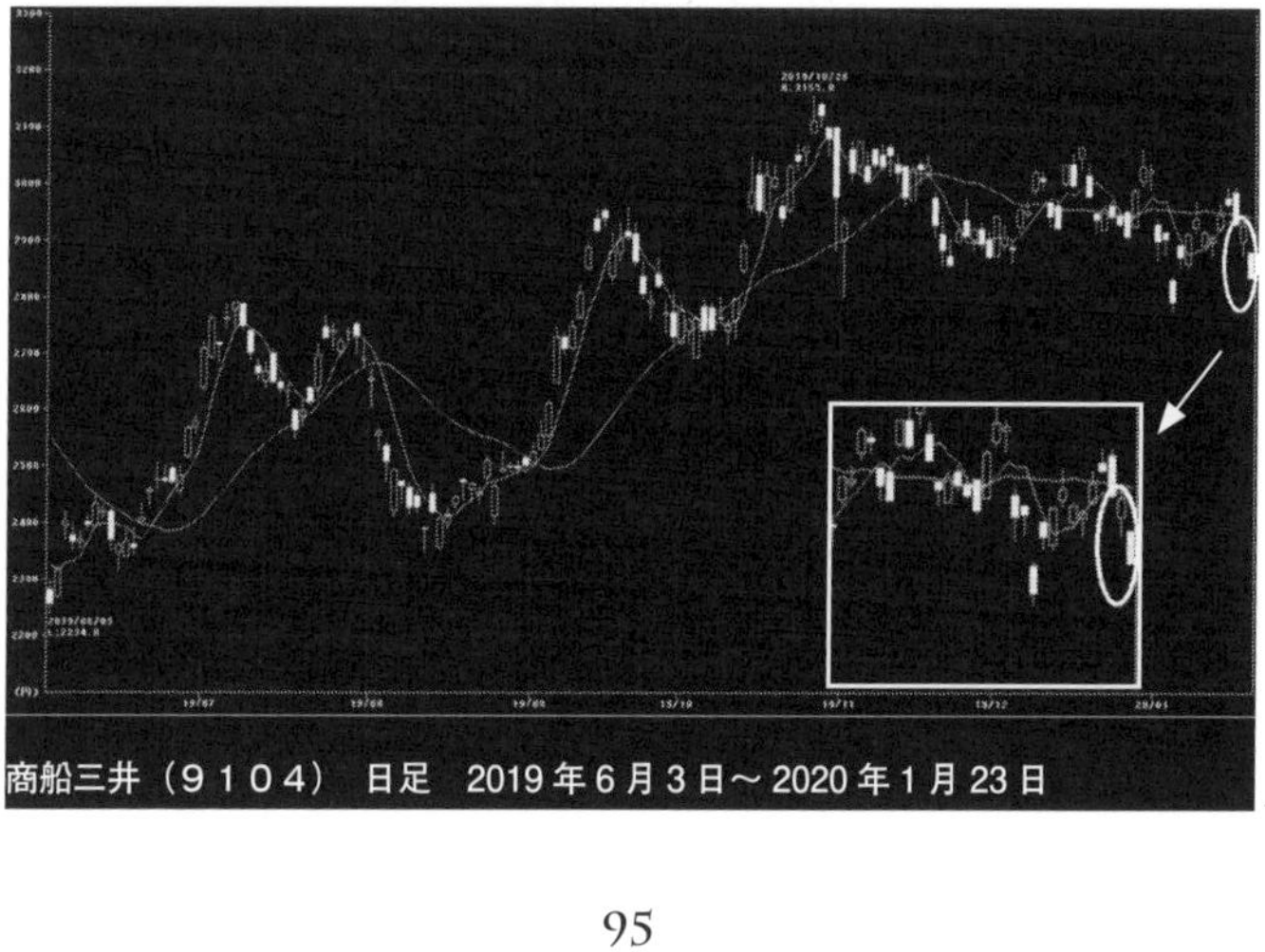

商船三井（９１０４）　日足　2019年6月3日～2020年1月23日

す。そうすると、見え方が変わってきます。

下のチャート内「A」、「B」を見て下さい。75日移動平均線を加えてみると、3線が密になっており、ボリンジャーバンドで言うスクイーズの状態になっています。つまり、ここから大きなトレンドが発生しそうな局面ということがわかります。

「A」での3線密からは上昇が始まっています。こんなポイントを浮き彫りにしてくれるのが、3線を使ったチャート分析です。もちろん、勝率100%

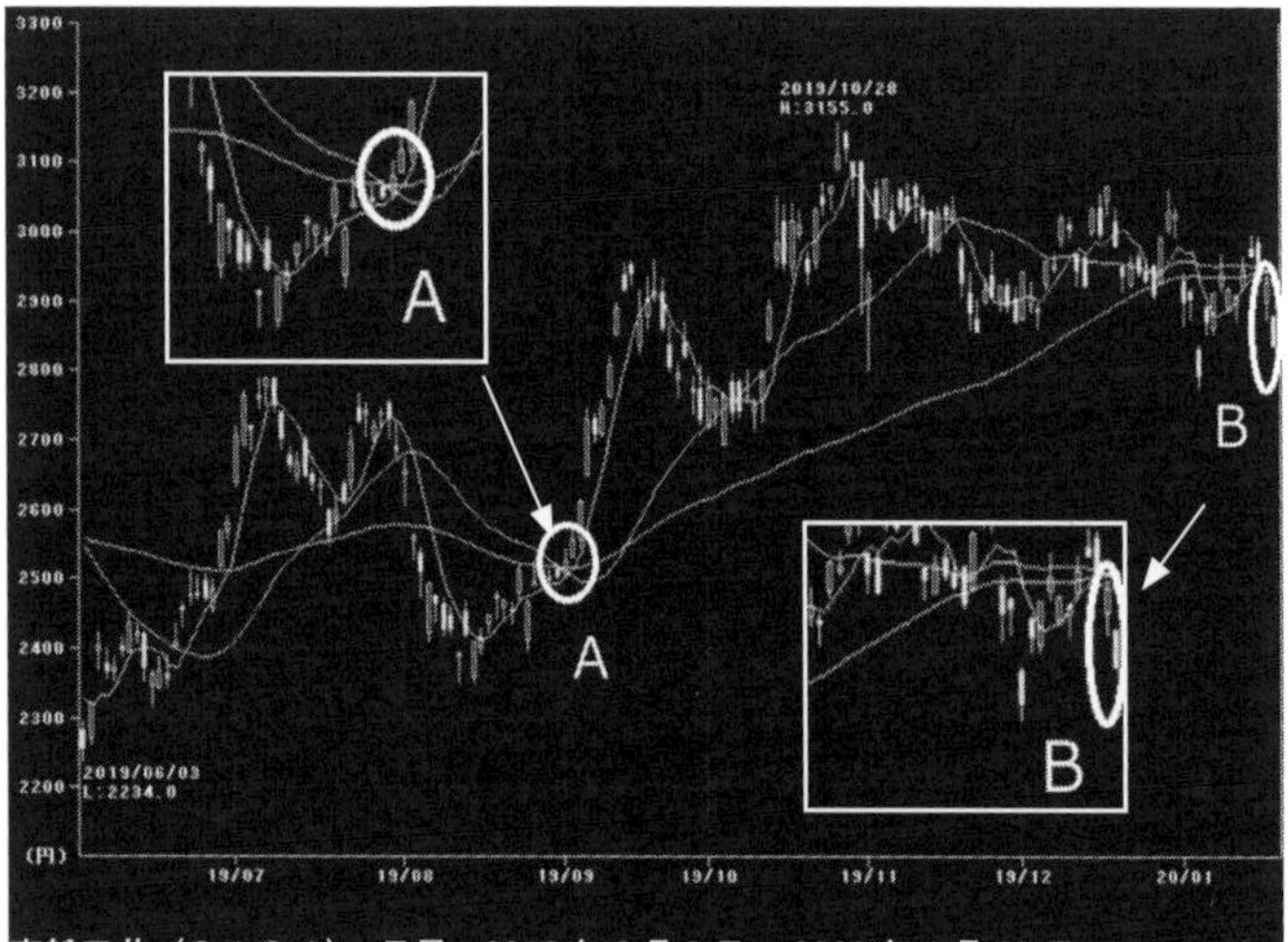

商船三井（９１０４）　日足　2019年6月3日～2020年1月23日

という訳ではありませんが、大きなトレンドが発生するポイントですので、見逃さないようにしたいものです。

「Ｂ」から確実にトレンドが発生するかどうかはわかりませんが、３つの移動平均線がスクイーズし、下落する可能性が高そうな局面です。打診売りからスタートして、トレンドが発生したら、売り増しして攻めていきたいところです。

次ページのチャートを見ると、「Ｂ」は絶好のタイミングだったということがわかります。じわじわ下落し、その後はコロナショックに巻き込まれて、大幅下落となっています。上手く空売りができていれば、大きな利益となる局面でした。

このように、３線を使ったチャート分析は大きな利益を運んできてくれる可能性が高いのです。ただし、そのチャンスは年に１度か２度ぐらいなので、見逃さないようにしっかりと定点観測するようにしましょう。

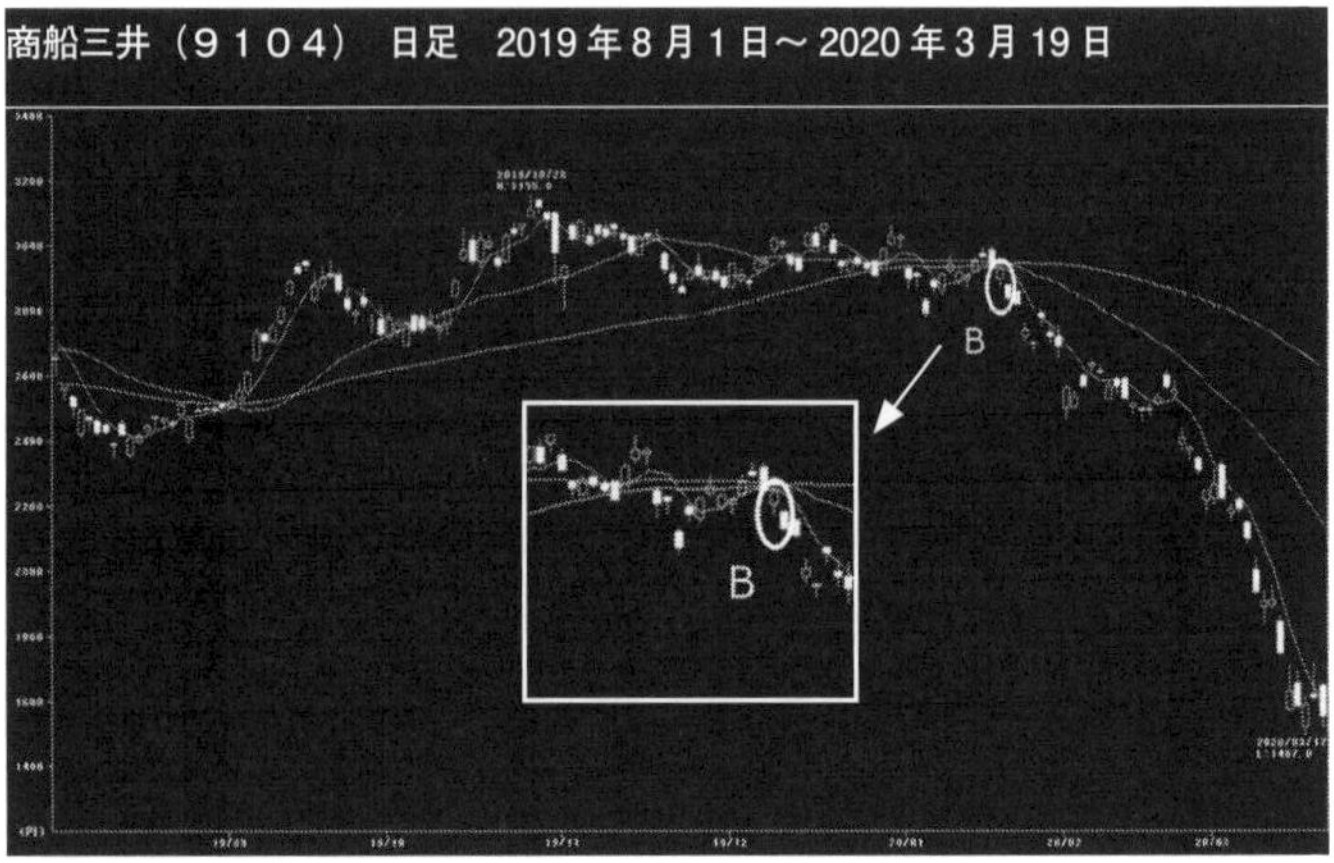

もうひとつ、75日移動平均線の使い方を紹介しておきます。

5・25日移動平均線分析だけではちょっと心細い時ってありますよね。そんな時にも75日移動平均線を使えば、投資判断の助けになることもあります。

次ページの丸紅の日足チャートを見てください。

上の方は、5・25日移動平均線の2本のみですが、下は5・25・75日移動平均線の3本が入っているチャートです。場数を踏むと、上のチャートだけでもエントリーできるとは思い

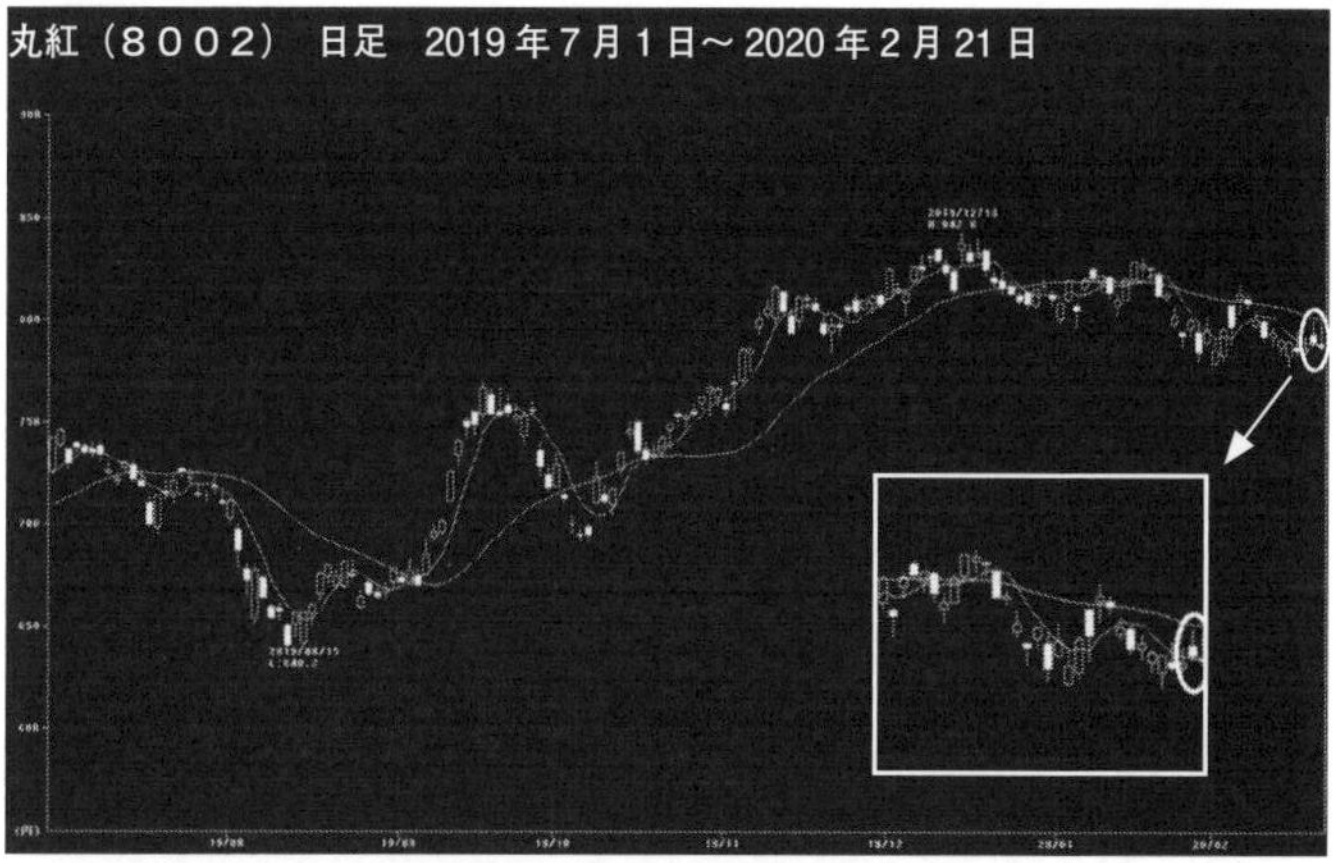
丸紅（８００２）　日足　2019年７月１日～2020年２月21日

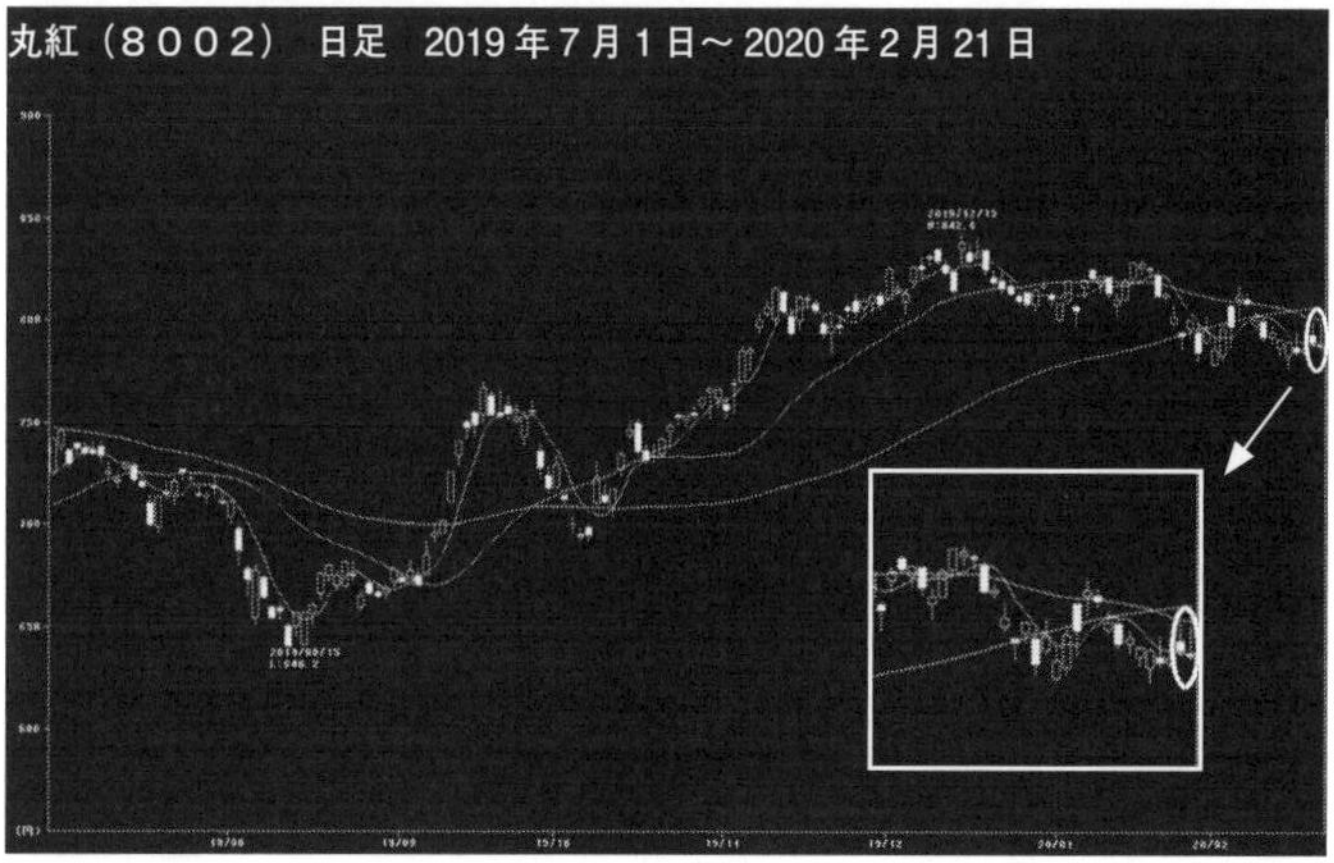
丸紅（８００２）　日足　2019年７月１日～2020年２月21日

ますが、75日移動平均線を入れることによって、自信をもってエントリーできると思います。

大きなトレンドが発生すると、上昇トレンドなら上から5日移動平均線、25日移動平均線、75日移動平均線と並びます。反対に下降トレンドなら、上から75日移動平均線、25日移動平均線、5日移動平均線と並びます。

上昇トレンドから下降トレンドに転換が起こる際には、必ずDCが起こります。このDCの後に、さらに下落して75日移動平均線を割り込んだとします。その後、25日移動平均線近辺まで戻れば、絶好のエントリーチャンスになることが多いです。

○印の中は2月21日、22日の小さな陰線です。動く前に仕込むことができれば最高です。そして、コロナショックへとつながります。結局、次ページのような下落を演じることになります。まさしく暴落といえる値動きとなっています。

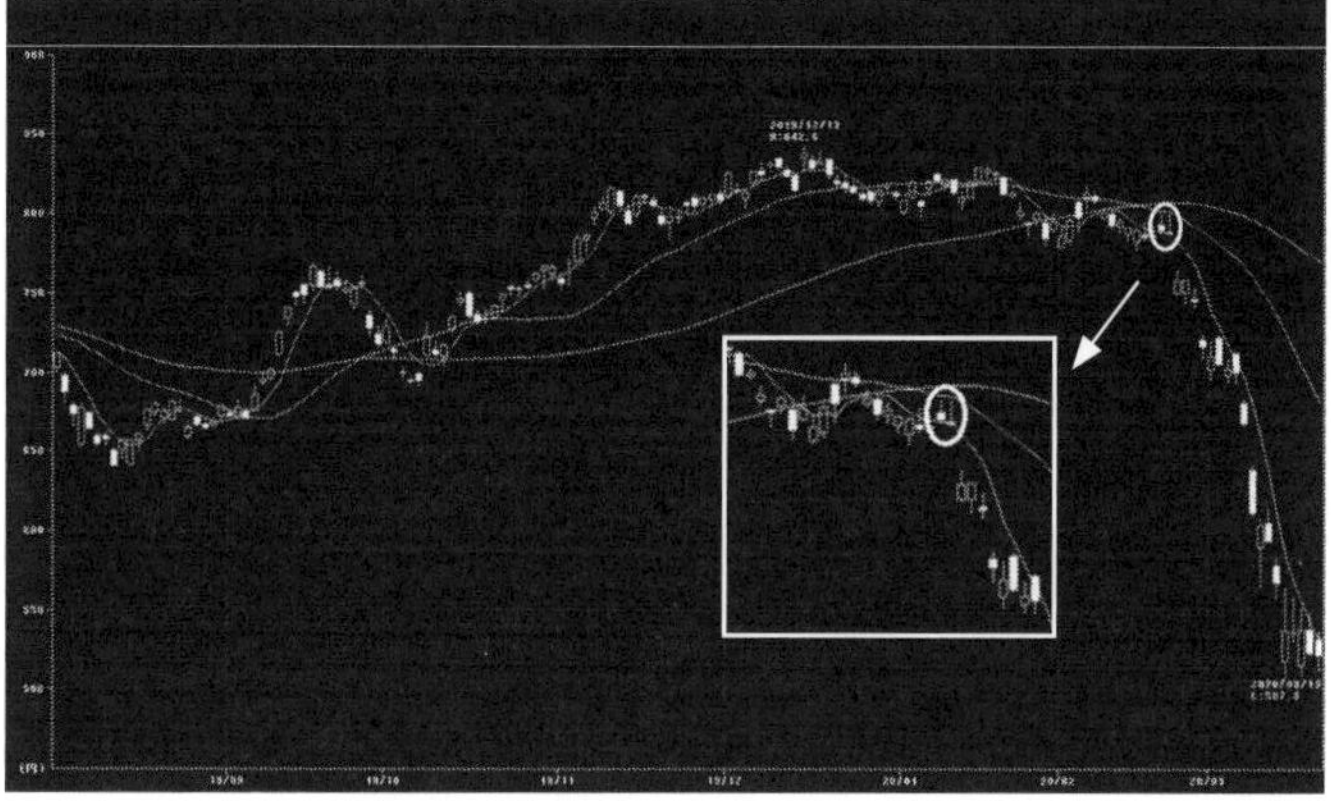
丸紅（８００２）　2019年8月1日～2020年3月19日

上手く仕掛けられたらトコトン引っ張ることです。手仕舞いのタイミングは基本的にはエントリーのタイミングの反対を考えておけばいいでしょう。

つまり、ＤＣでのエントリーならＧＣ、がっくりチャートでのエントリーならくいっとチャートでの手仕舞いとなります。もちろん、出来高急増のセリングクライマックスなら、そのタイミングでの手仕舞いとなります。

5 日足と週足の融合は強烈なサイン

5日移動平均線分析だけなら不安なので、25日移動平均線を加えて、5・25日移動平均線分析とし、それでも心細いので、さらに75日移動平均線を加味して、5・25・75日移動平均線分析にする。目先の細かい動きを排除して、大局的な視点を加味するには、マクロ的な要素を加えていくのがチャート分析の世界の常套手段です。

とすると、日足チャートだけなら心細いので、週足チャートを加味してエントリーのタイミングを見極めることも重要です。ただ、日足チャートと週足チャートの融合は言うのは簡単ですが、実践に落とし込むのは案外難しいです。

そこで、日足チャートと週足チャートの融合の中でも、同時にサインを点灯させるチャートパターンを見ていきましょう。これは勝てる確率が高いサインです。

任天堂（７９７４）　日足　2017年10月23日～2018年5月21日

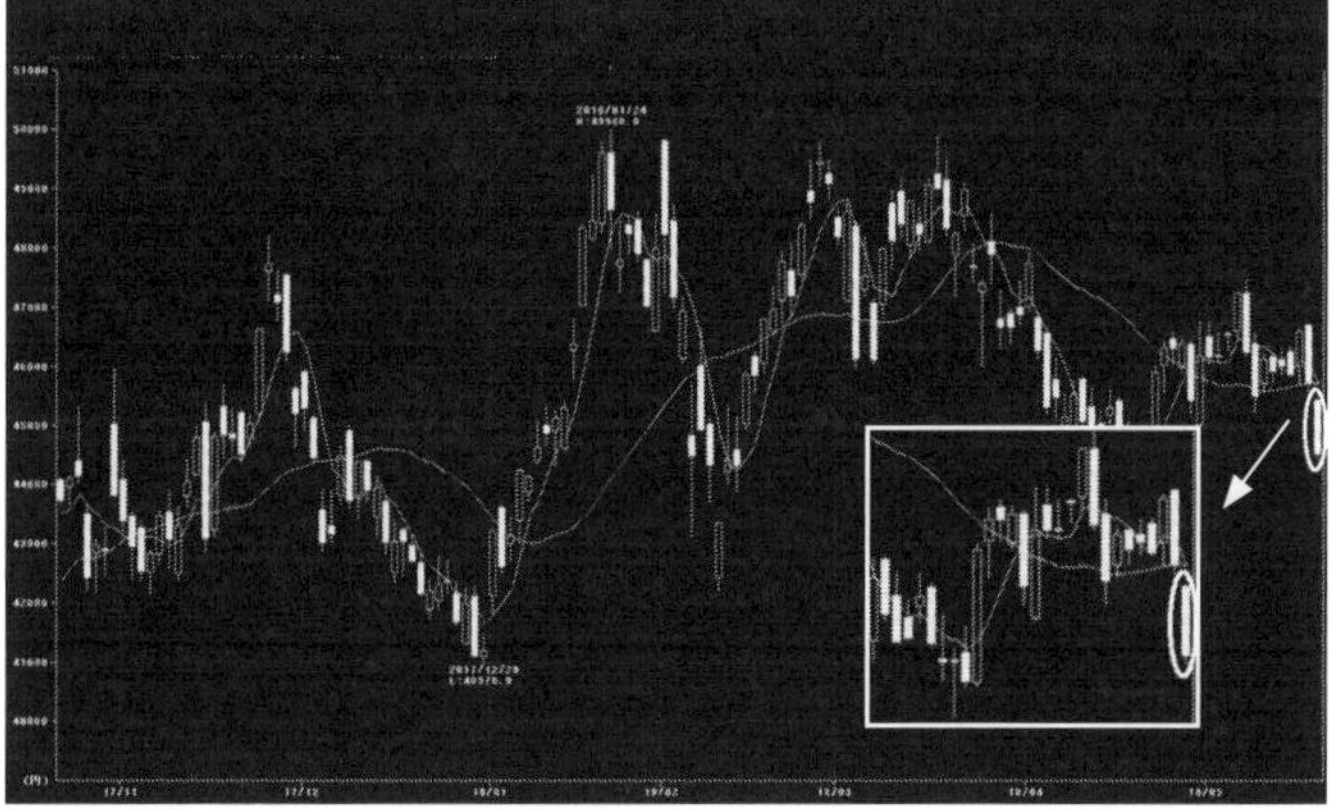

上の任天堂（７９７４）の日足チャートを見てください。右端のローソク足は５・25日移動平均線の下に潜り込み、ＤＣ寸前です。このタイミングでエントリーするのもひとつの手です。思惑通りに落ちてこなければ、さくっと手仕舞ってもよいわけですから。

ただ、このサインの信頼性を異なる視点から確認したいということであれば、週足チャートを確認します。

その週足チャートは、かなり美しいがっくりチャートを形成しています。チャート内の移動平均線は、13週移動平均線と26週移動平均線です。両線にぶら下がる形で陰線をつけ、

任天堂（７９７４） 週足 2015年5月1日〜2018年5月25日

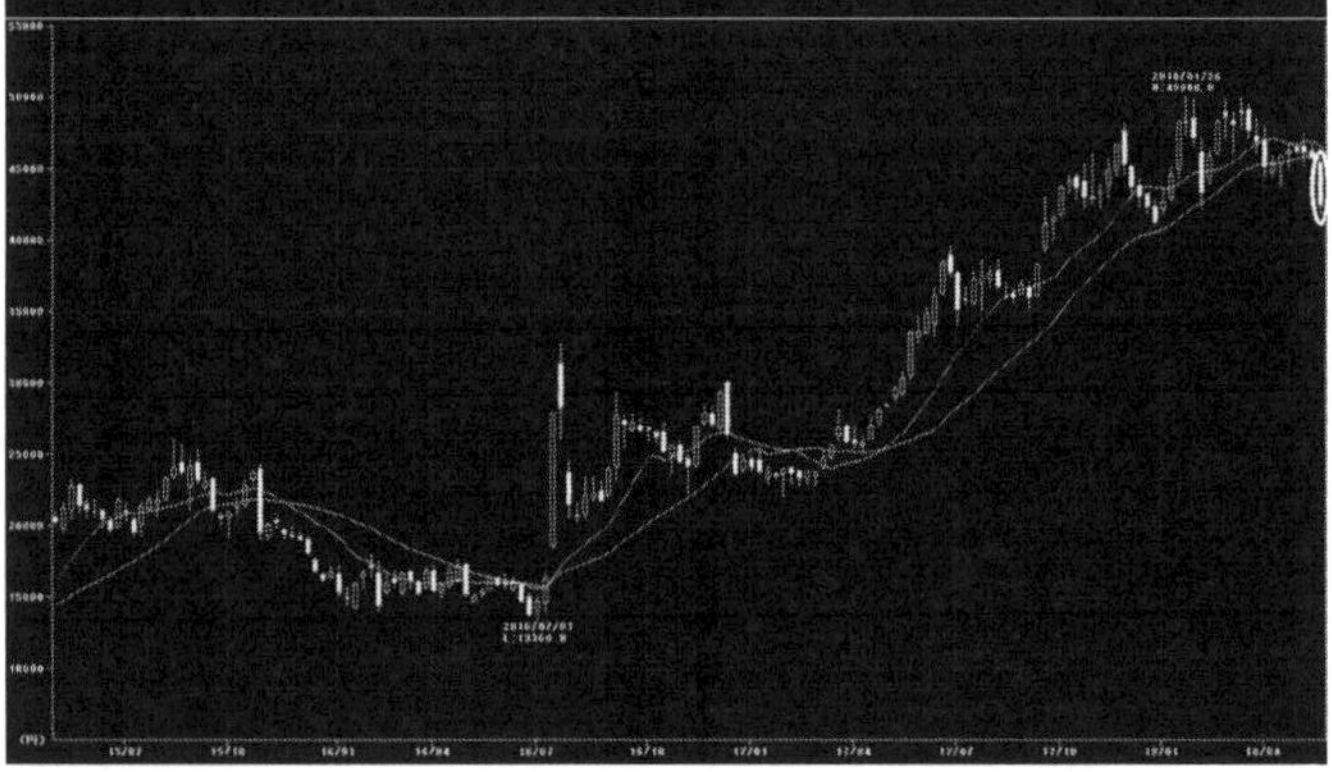

芸術的な売りサインを点灯させています。

つまり、日足チャートではＤＣ寸前という売りサインが、週足チャートではきれいながっくりチャートが同時に点灯し、安心して空売りができる局面です。このように時間軸が異なるチャートが同時にサインを点灯させるタイミングはかなり少ないですが、勝てる確率が高い局面ですので、見逃さないようにしたいものです。

この後の動きですが、次ページを見てください。上は日足チャート、下は週足チャートです。きれいな下落を演じています。このようなトレンドに乗るためには、週足チャートも確認するようにしましょう。

任天堂（７９７４）　日足　2017 年 11 月 21 日～ 2018 年 6 月 21 日

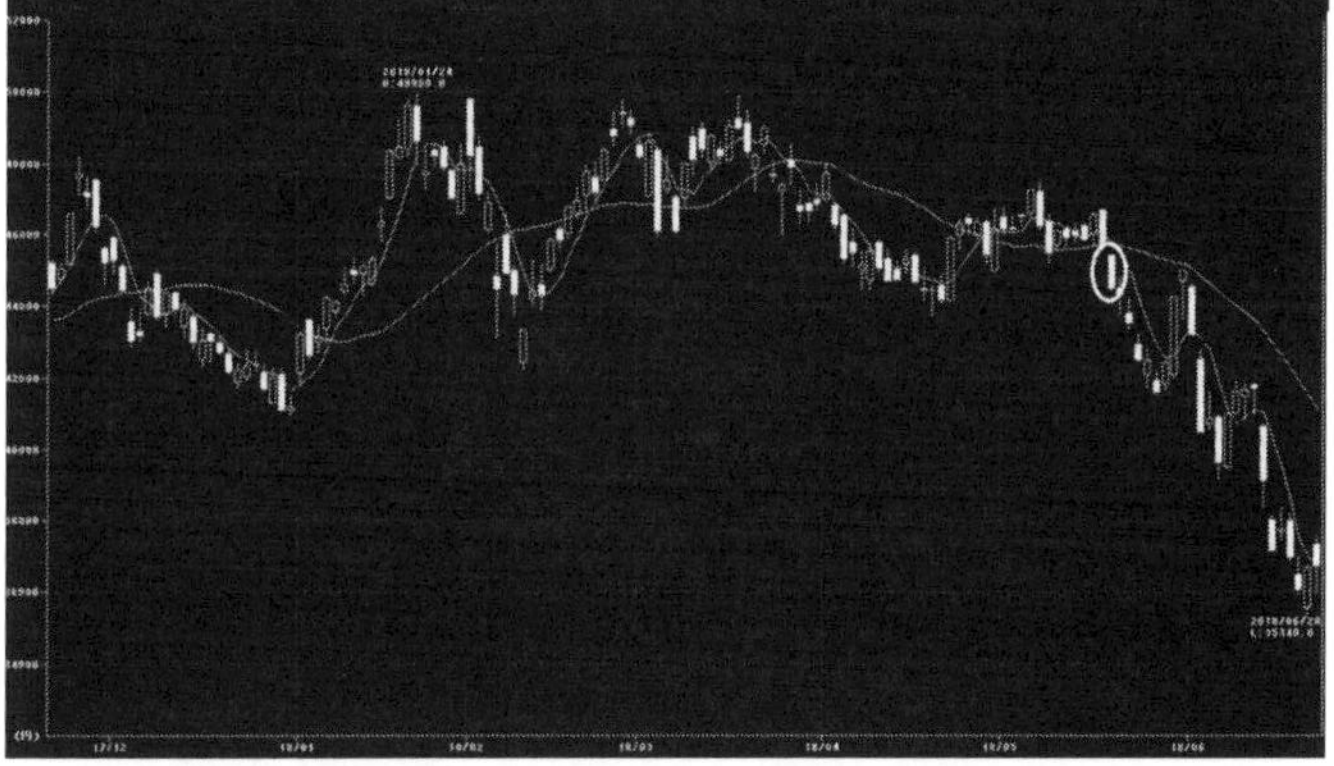

任天堂（７９７４）　週足　2015 年 5 月 1 日～ 2018 年 6 月 22 日

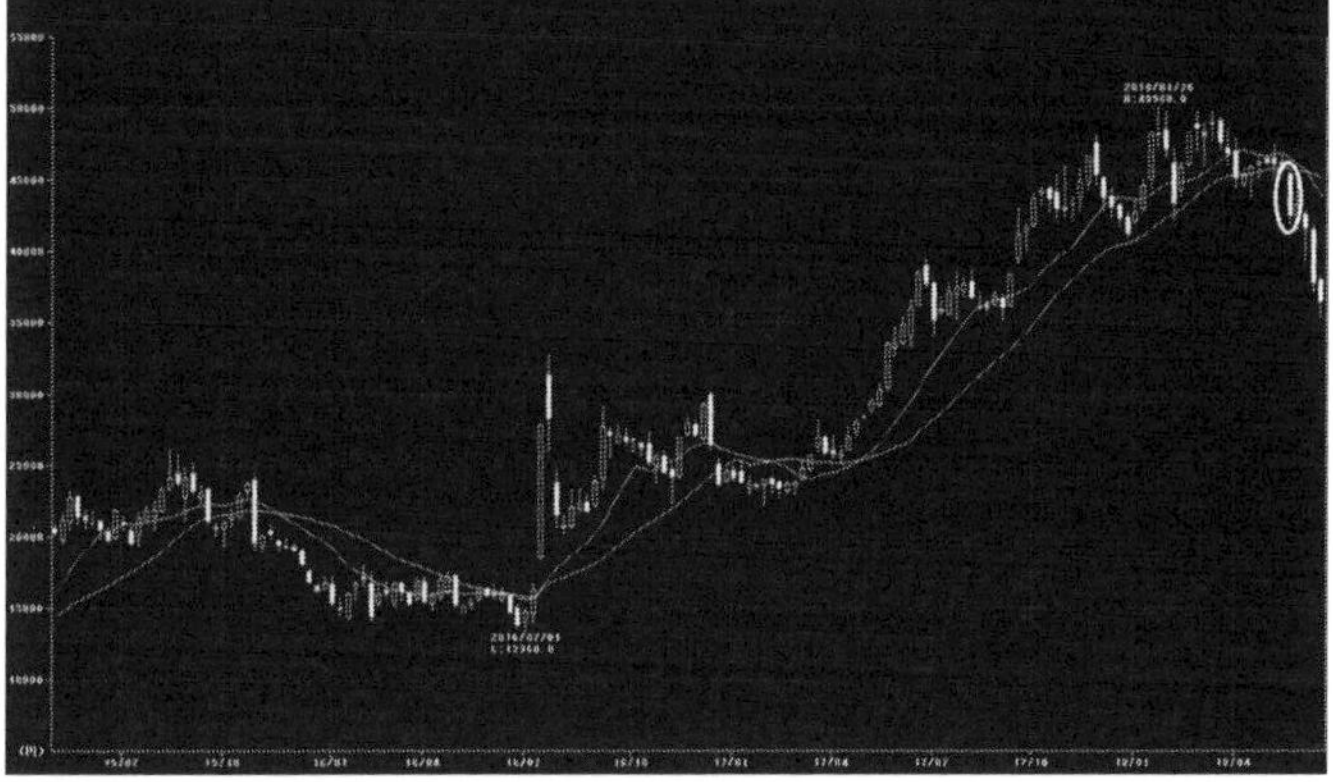

6 騰落レシオのダイバージェンスは暴落を呼ぶ

転換点を狙うのにかなり使えるテクニカル指標、騰落レシオについて解説します。騰落レシオは、多くの人に知られている割には使われていないという感じがするテクニカル指標です。

この騰落レシオはかなりの優れものです。特にスイングトレードをする上では、とても重要なエントリーのタイミングを教えてくれるスーパーテクニカル指標なのです。つまり、騰落レシオを上手く使いこなせることができれば、質の高いスイングトレードができるのです。

そんなテクニカル指標である騰落レシオですが、使われていない理由は、MACD、

ＲＳＩ、ＲＣＩ等のミクロ的なテクニカル指標とは異なり、マクロ的なテクニカル指標だからです。つまり、頻繁にサインを点灯させるものでありません。少ない時には年に１回しかサインを点灯させません。それゆえに、騰落レシオを上手く使っている個人投資家は少ないと考えられます。

騰落レシオの計算式ですが、一般的には、25日という期間が使われることが多いので、ここでは25日騰落レシオの計算式（下図）を紹介します。

この計算式から見て、なんとなく騰落レシオとは、いわゆる買われすぎ、売られすぎを見るためのテクニカル指標というのがわかります。通常、１３０％を超えると買われすぎ、70％を下回ると売られすぎという判断をします。

騰落レシオ計算式

騰落レシオ（%）＝
25日間の値上がり銘柄数 ÷25日間の値下がり銘柄数 ×１００

ただし、何%だから、買い、売り、という判断が出来るものではなく、あくまでも騰落レシオは高値圏にある、安値圏にある、ということにアタリをつけることができるだけです。なので、エントリーのタイミングをとるには使えないので注意が必要です。なお、エントリーのタイミングについては、5・25日移動平均線分析を使って見極めてください。

相場には2つの目が必要だと言われています。ひとつは鳥の目、もうひとつは虫の目です。鳥の目とは、相場全体の状況を把握するマクロ的な視野のこと、虫の目とは、個別銘柄の動きを観察したり、エントリーのタイミングを見極めたりするミクロ的な視野のことを言います。

さらに、我々はマクロとミクロを融合させ、絶好のチャンスを見極めようとする魚の目を意識するのです。そこで役に立つテクニカル指標が騰落レシオです。こんな意識を持って騰落レシオを見てください。

具体的には、騰落レシオを見て、１３０％以上の買われすぎ、70％以下の売られすぎを確認したら、「もう少しで相場の転換点がやって来るな」というアタリをつけます。あとは個別銘柄を観察しながら、エントリーチャンスを待つのです。

騰落レシオをじっくりと検証すると面白いことが分かります。大きな相場になるときには、騰落レシオが天底を付けた後に、相場が天底をつけるという特徴があるのです。つまり、騰落レシオのピークやボトムは相場全体の総意である日経平均のピークやボトムとは一致しないということです。

例えば、騰落レシオが１３０をつけたとします。その後、１２８、１２５…と下落に転じたものの、日経平均は上昇トレンド継続、もしくは高値圏を維持しているということです。つまり、騰落レシオが１３０から下落に転じたからと言って、株価がすぐに下がり始める訳ではないので、逆張り的な空売りを仕掛けるには注意が必要です。

ただし、転換点が近いのは確かです。なので、買いポジションを増やしたりするのは避けましょう。かなりの高値掴みになりますから。

２０２０年2月後半から始まった大暴落、コロナショック時にも騰落レシオと日経平均のダイバージェンスが発生していました。これについて解説します。

このサインはいつも大きな利益につながります。しかも、いつの時代も変わることなく、暴落サインとしては普遍的なものです。ただ、サインが点灯する頻度はかなり少ないのが残念ですが。

騰落レシオ（下図）の推移を見てください。騰落レシオは毎週金曜日に拾い、四捨五入しています。数字の後ろのカッコ内は日付です。

騰落レシオ（25日）

2019年10月～12月

→131（10/4）→134（10/11）→127（10/18）→121（10/25）
→119（11/1）→128（11/8）→127（11/15）→113（11/22）→109（11/29）
→106（12/6）→105（12/13）→105（12/20）→109（12/27）

2020年1月～2月

→100（1/10）→94（1/17）→89（1/24）→80（1/31）
→86（2/7）→87（2/14）→76（2/21）→53（2/28）
→58（3/6）→43（3/13）→47（3/19）→70（3/27）

下の日経平均のチャートを見てください。チャート内のローソク足「A」、「B」、「C」に注目です。「A」ですが、2019年11月8日です。この日の騰落レシオは128です。「B」は2019年12月13日、騰落レシオは105です。「C」は2020年1月17日、騰落レシオは94です。

つまり、「A」⇩「B」⇩「C」と株価が上昇しているのに、騰落レシオは、「128」⇩「105」⇩「94」と小さくなっているのです。

まさしく、ダイバージェンスが発生しています。過去の値動きを振り返っても、このダイバージェンスは暴落を引き起こすことが多いです。

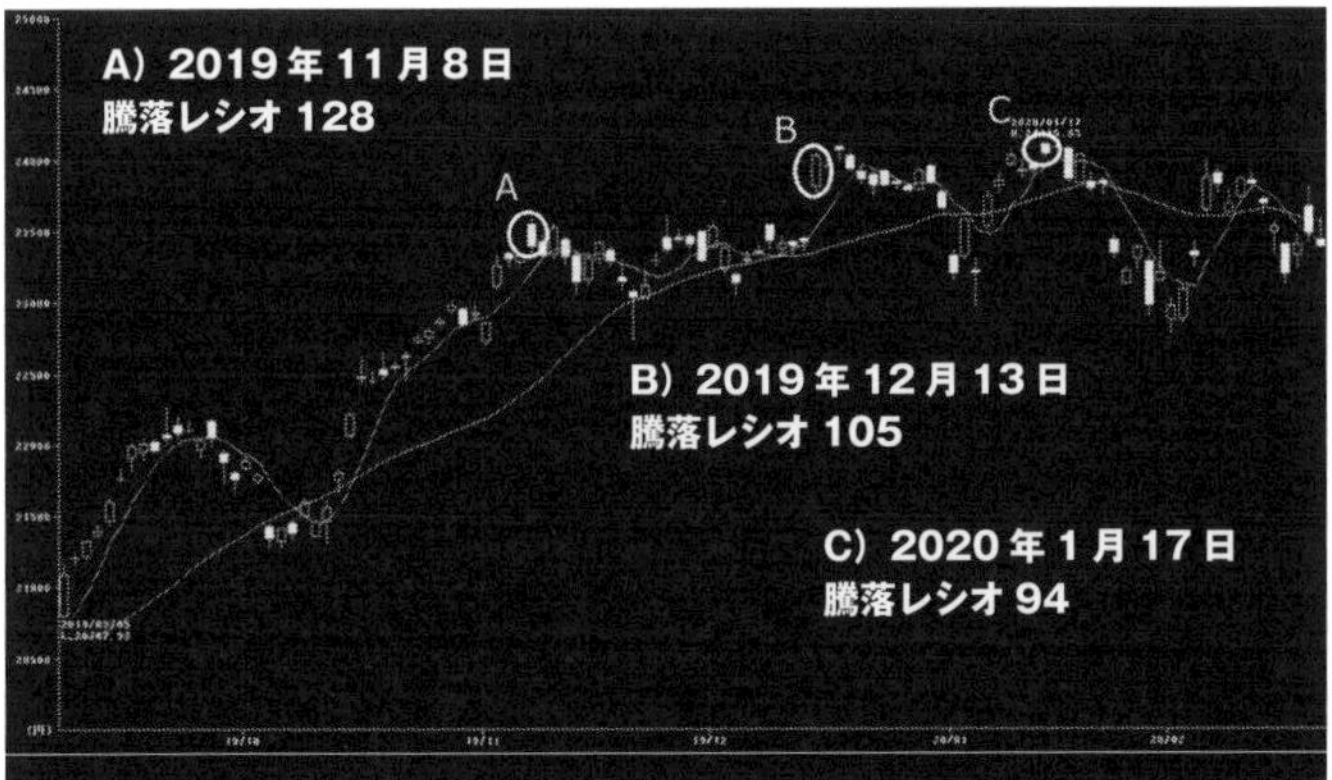

日経平均　日足　2019年9月5日～2020年2月21日

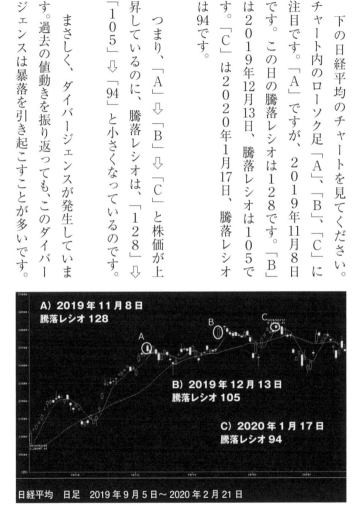

つまり、買いで保有している銘柄は手仕舞いし、空売りの準備を始めるタイミングとなります。

この後の動きを見てみましょう。ダイバージェンスが予見した通り大暴落となりました。

折角なので、ここで騰落レシオを利用する際の注意点、騰落レシオだけでエントリーするのは危険ということについて解説します。下の暴落中のチャート内にある「D」、「E」のローソク足を見てください。

「D」は3月6日、騰落レシオ58、「E」は3月13日、騰落レシオ43です。

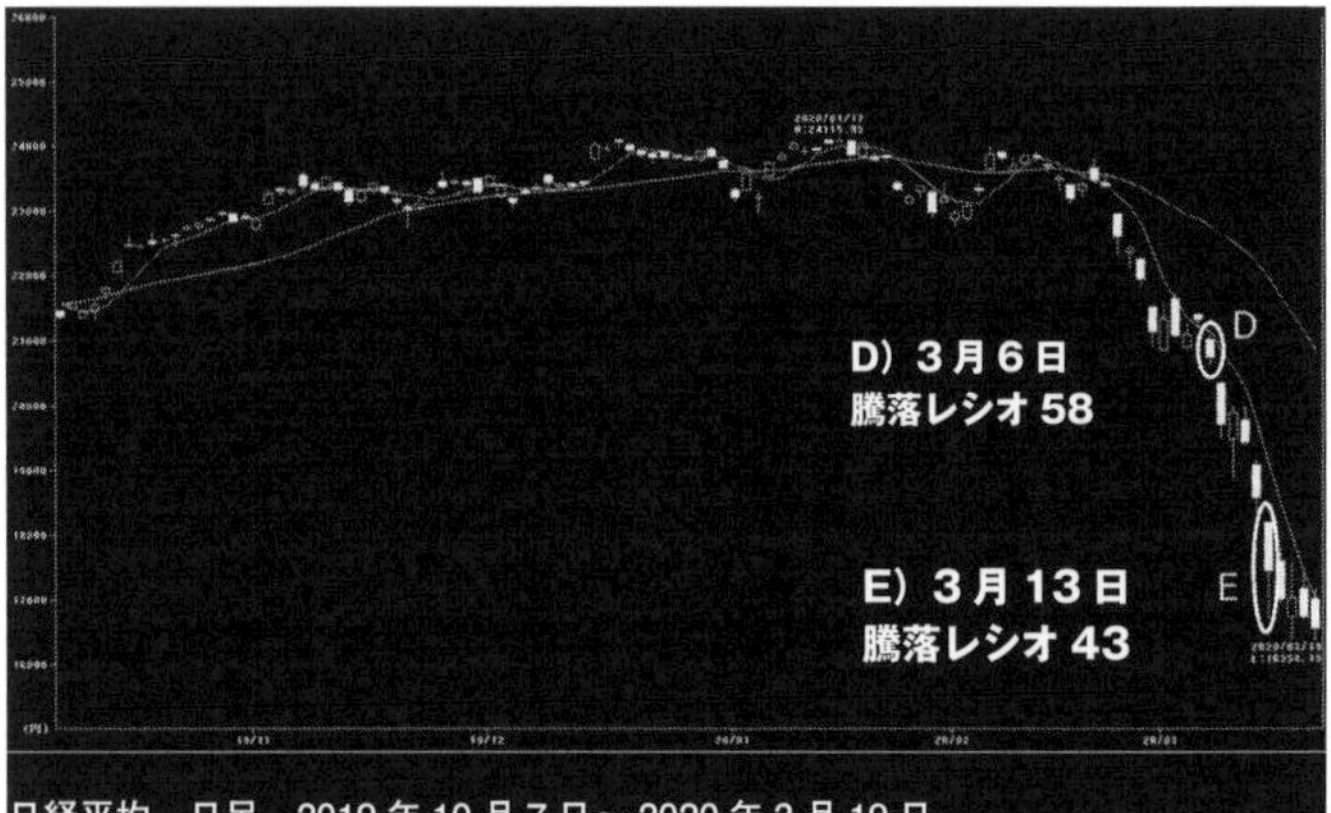

日経平均　日足　2019年10月7日～2020年3月19日

騰落レシオを逆張り的に使っているのなら、一般的な売られすぎと言われる70を割り込み、さらに60をも割り込み、58をつけた「D」で飛びついた人も多かったと思います。しかし、本書でも解説している移動平均線分析なら、まだ売り継続という局面です。

つまり、騰落レシオで大局的な相場観を持っても、エントリーのタイミングと一致しないことも多いということです。ちなみに「E」でも同じことが起こりました。

7 自分でできる騰落レシオ簡易版で天底を狙う

いくらテクノロジーが発達したからといっても、いくら情報入手がリアルタイムになったからといっても、複雑に絡み合う金融市場を読み解くのは難しいです。そこを無理に読み解こうとすれば、使う手法がドンドンと複雑化してしまいます。まさしく本末転倒です。

騰落レシオよりもずっと簡単で、しかも自分でひとつずつ確認でき、大きなトレンドを把握できるような指標があったらどうだろうか？

使わない手はないですよね。そんな方法を紹介します。しかし、簡単すぎて使えないという声が聞こえてきそうですが、シンプルな手法ほど使い手の腕の見せ所です。料理素材がシンプルなほど、調味料が少ないほど、料理人の腕次第だと言いますから。

では、大きなトレンドを把握する方法を紹介します。

定点観測する銘柄として、おすすめの10銘柄を紹介しましたが、これを30銘柄に増やします。新たに20銘柄を増やすことになりますが、日経225採用銘柄の中から選んでください。なるべく偏りがないように選択するのがコツです。ただし、電力、鉄道などのいわゆるディフェンシブ銘柄は避けてください。なお、30銘柄以上を定点観測するのは問題ありませんが、30銘柄未満は少なすぎますので避けましょう。

次に、その30銘柄の中で上昇トレンドを演じている銘柄数を把握します。トレンド把握の仕方は、５・25日移動平均線分析で行います。５・25日移動平均線分析の場合なら、単純に25日移動平均線が上向きなら上昇トレンドと判断できます。とすると、30銘柄の中で、25日移動平均線が上向きである上昇トレンドの銘柄を数えるだけです。たったこれだけです。

ベタな作業をするとしたら、30銘柄の証券コードをひとつずつ入力して、チャートを確認して、上昇トレンドならカウント１と数えていきます。30銘柄を確認するので、30チャートを確認するわけです。そして、その上昇トレンド中の銘柄の合計を求めます。その数値を継続的に記録していくだけです。

実際に、私が監視する30銘柄で、上昇トレンド中の銘柄数を毎週記録してきたので、その推移を見てみましょう。

まずは、2017年10月下旬からの推移です。なお、計測日は週1回、日曜日、カッコ内は日付です。

↓29（10／29）↓30（11／5）↓29（11／12）↓16（11／19）
↓16（11／26）↓12（12／3）↓11（12／10）↓8（12／17）

ここで注目して頂きたいのは11月5日の「30」です。定点観測している30銘柄すべてが上昇トレンドを演じているわけです。つまり、相場が天井をつけるタイミングということです。間違っても強烈な上昇トレンドだからといって、新規買い、買い増しを絶対にしてはいけない局面です。

買いのポジションがあるなら利食いのタイミングです。また、新規で空売りを狙うタイミングです。もちろん、上昇トレンド銘柄数の数値だけではエントリーのタイミングを見計らうことはできませんので、ターゲット銘柄のチャートを確認し、エントリーのチャンスを見極めます。

具体的に、日経平均のチャート（下図）を見てみましょう。

10月29日の上昇トレンド銘柄数は29とそろそろ天井を付けそうなタイミングですから、週明けからは売りのタイミング待ちとなります。しかし、翌週の11月５日には30をつけ、売りサインの点灯待ち継続です。こうなると、いつサインが出てもおかしくない状態ですので、週明けからは毎日チャートを確認したいところです。

チャート内の○印を見てください。「A」は２０１７年11月２日、「B」は11月10日です。11月６日からの始まる週では、がっくりチャート待ちです。「B」では、がっくりチャートに

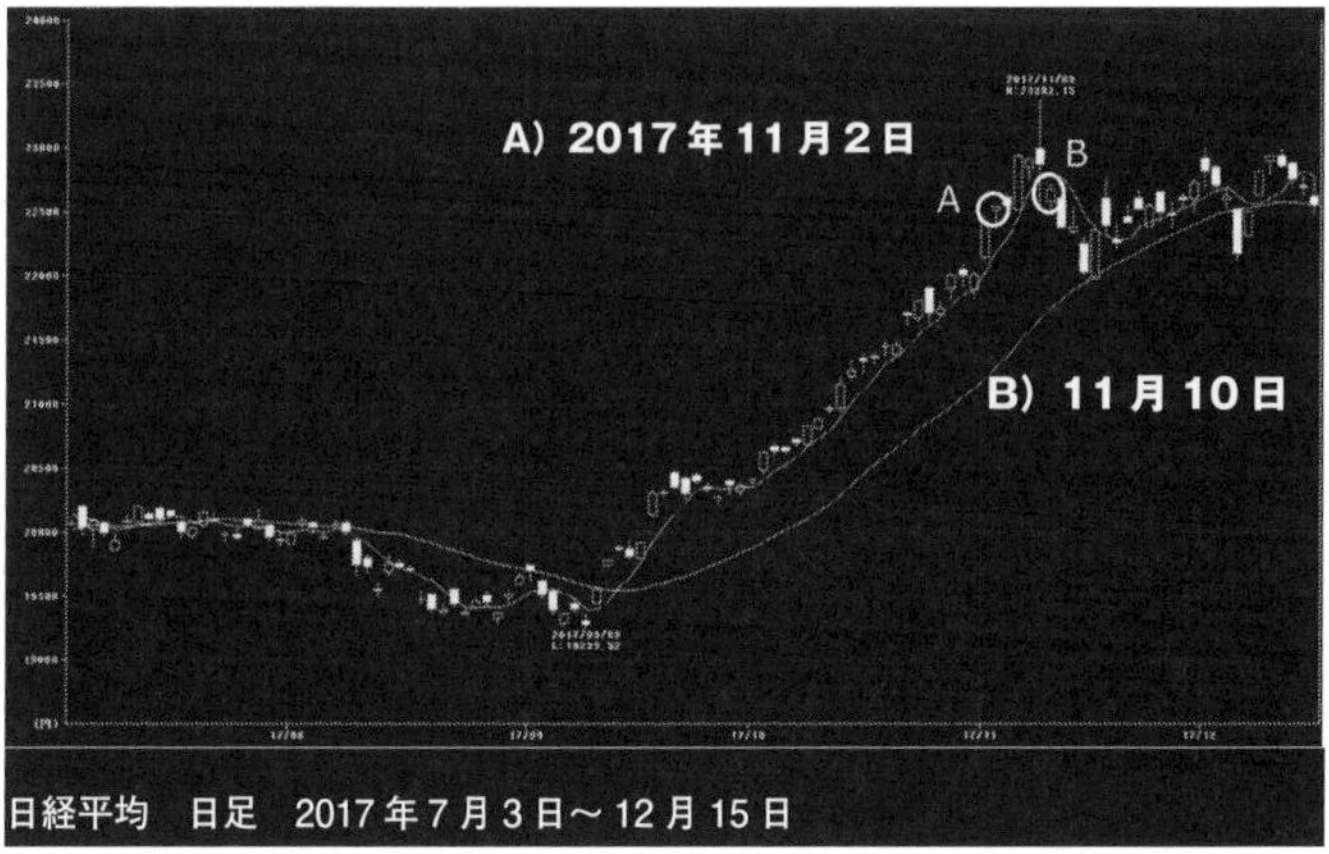

日経平均　日足　2017年7月3日～12月15日

はなっていませんが、5日移動平均線の下に潜り込んでいます。とすると、翌日にはがっくりチャート登場の可能性が高く、そうなれば売りサインが点灯することになります。

実際に、「B」の翌営業日の11月13日にがっくりチャートが登場し、売りサイン点灯となります。つまり、日経平均はAB間で天井を付けた可能性が高いと考えられます。とすると、このタイミングで定点観測している銘柄や自分が追跡している銘柄の中にもがっくりチャートが登場し、売りサインを出しているものが出てきます。そんな銘柄に空売りを仕掛けるのです。

この時に注意して頂きたいことは、すでに下落が始まっている銘柄もありますし、まだ上昇継続中の銘柄もあります。すでに下落している銘柄の深追いはさけたいところです。また、上昇継続中の銘柄は、明確な売りサインを待ってから仕掛けるのがリスクを抑える秘訣です。

仕掛けたあとは利食いポイントまで待つだけです。もちろん、意に反して再上昇を開始したら、前回高値を超えてきたところでロスカットとなります。

先ほどの日経平均のチャートを見てください。「Ｂ」のあとの値動きを見ると、下落をしているものの、25日移動平均線にサポートされる形となっていますので、大した下落にはなりませんでした。

このように25日移動平均線にサポートされて、再度上昇トレンドに戻ることもありますが、ＤＣを形成し、下降トレンドに転換するときもあります。そのような時には、ＤＣ完了後に、急落、暴落を演じる時もあります。

空売りをしている時には、どうしても急落、暴落を期待してしまいますが、チャートが「上に行く」という意思表示をしたら、その時には手仕舞いましょう。相場に歯向かってもよいことはありませんから。

次は、反対のパターンです。2018年12月、2019年1月の上昇トレンド銘柄数を見てください。

2018年12月
↓13（12／2）↓6（12／9）↓3（12／16）↓0（12／23）↓0（12／30）
2019年1月
↓0（1／6）↓5（1／13）↓12（1／20）↓18（1／27）

ここで注目して頂きたいのは12月23日から翌年1月6日まで続く「0」です。定点観測している30銘柄すべてが下降トレンドを演じているわけです。つまり、相場が底をつけるタイミングということです。間違っても強烈な下降トレンドだからといって、新規空売り、売り増しを絶対にしてはいけない局面です。

売りのポジションがあるなら買戻しのタイミングです。また、新規買いを狙うタイミングです。もちろん、上昇トレンド銘柄数が「0」というだけではエントリーのタイミングを見計らうことはできませんので、ターゲット銘柄のチャートを確認し、エントリーのチャンスを見極めます。

具体的に、日経平均のチャート（下図）を見てみましょう。

12月23日の上昇トレンド銘柄数は0とそろそろ底を付けそうなタイミングですから、週明けからは買いのタイミング待ちとなります。しかし、翌週も0、２０１９年1月6日も0をつけ、買いサインの点灯待ち継続です。こうなると、いつサインが出てもおかしくない状態ですので、日々チャートを確認します。

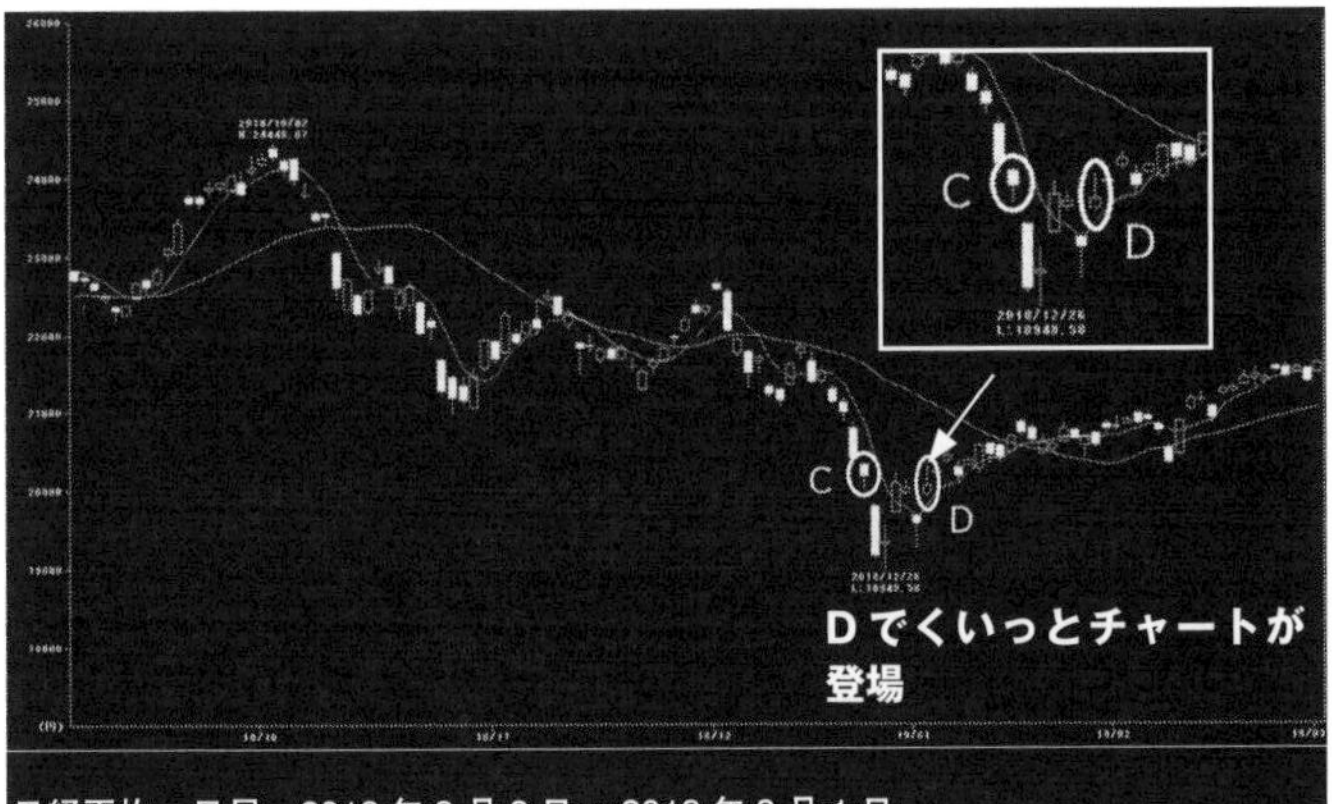

日経平均　日足　2018年9月3日～2019年3月1日

チャート内の○印を見てください。「C」は2018年12月21日、「D」は2019年1月7日です。「0」が3週間続いた週明けの1月7日、くいっとチャートが登場しました。絶好の買いのタイミングとなります。きれいに5日移動平均線の上に顔を出したので、安心してエントリーできるタイミングです。ここから上昇を開始して、上手くいけばGCも期待したい局面です。

「D」でくいっとチャートが登場し、買いサインが点灯したことで、日経平均はCD間で底を付けた可能性が高いと考えられます。とすると、このタイミングで定点観測している銘柄や自分が追跡している銘柄の中にも、くいっとチャートが登場し、買いサインを点灯させているものが出てきます。そんな銘柄に新規買いを仕掛けるのです。

この時に注意して頂きたいことは、すでに上昇が始まっている銘柄もありますし、まだ下落継続中の銘柄もあります。すでに上昇している銘柄の深追いはさけたいところです。また、下落継続中の銘柄は、明確な買いサインを待ってから仕掛けるのがリスクを抑える秘訣です。

仕掛けたあとは利食いポイントまで待つだけです。もちろん、意に反して、再下落を開始したら、前回安値を下回ってきたところでロスカットとなります。

先ほどの日経平均のチャートを見てください。「D」のあとの値動きを見ると、じわじわとですが、緩やかな上昇を続け、なんとかGCを完了させ、さらに上昇していることがわかります。

チャートパターンとしては、25日移動平均線がレジスタンスになり、再度下降トレンドに戻ることもあります。そんな動きになったら、もしくはそんな気配を感じたら手仕舞うのがよいです。

買いポジションがある時には、どうしても上昇を期待してしまいますが、株価が下落に転じたら、相場の流れに従いましょう。

8 「初心者でも株でしっかり月20万円！」を読む

使い勝手のよい投資情報サイトはたくさんありますが、お気に入りサイトは、ぜひ使い込んでいきましょう。今ではリアルタイムでの情報配信もなされ、質も量も抜群ですので、効率的に情報収集するためにも、利用しないという手はないです。気に入ったサイトなら無料版でなくて、有料版を申し込むのも良いです。

情報収集の手段の中でも、思った以上に使えるのが投資系メールマガジン（メルマガ）です。著者の投資情報や相場観だけでなく、トレードテクニックや銘柄紹介まで、いろんな情報提供をしています。これこそ、使わないともったいないです。メールマガジンは、1度登録しておけば、発行者から定期的に配信してくれます。しかも、無料です。ちょっと読んでみて、肌に合わなければ配信停止すればいいだけです。

メルマガ発行登録数約３万誌を抱えている業界最大手の「まぐまぐ」というメルマガ発行スタンドがあります。私も「まぐまぐ」さんから無料メルマガを配信しています。そのタイトルは、「初心者でも株でしっかり月20万円！」です。発行し始めてから約15年が経ちます。

まぐまぐマネー部門でも上位にランクインしており、多くの読者に愛読されています。グーグルで、「初心者でも株でしっかり月20万円！」で検索すれば、一発で見つかります。内容は読者さんからのご意見・ご要望も取り入れ、実践に役立つ情報が満載となっております。大きなチャンスもこのメルマガで紹介しています。ぜひ、参考にしていただければと思います。

初心者でも株でしっかり月20万円！　殿堂入り

マネー ≫ 株式 ≫ 初心者向け

【負けない個人投資家をめざそう！】独自のチャート分析をもとに20年以上相場を張っている現役トレーダー。チャーチストと言われるも、ファンダメンタルズ分析やヒストリカル分析にも詳しい。中でも暴落・暴騰分析は抜群。今では暴落の専門家とも呼ばれているが、メルマガでも何度もタイムリーに紹介し多くの読者が驚愕。セミナー講師としても引っ張りダコ。登壇回数は800回を超える。相場の本質を突いた解説はプロからも定評がある。書籍は出せば売れると業界でも注目株。

価格 無料　最新発行日 2020/05/17　部数 86,691部　形式 PC・携帯向け/テキスト形式
発行周期 週2〜3回

【第3章　まとめ】

株の世界で勝ち続けていくためには、相場に合わせて銘柄選択を適切に行い、その銘柄を追いかけ続けることが必要です。いきなり最初から適切な銘柄選択はできませんので、まずは定点観測から入るのが得策です。そのうち慣れてきますので、徐々にお気に入り銘柄を増やしていけばよいのです。

有名なアナリストや株式投資評論家の意見も良いと思いますが、振り回されてはいけません。また、ロスカットになった銘柄は見たくもないということで追跡放棄する人が多いですが、ここから再スタートが始まるのです。次のチャンスに狙いを定め、じっくりと待つのです。

勝つためには、エントリーチャンスがくるまで定点観測を続けることです。

トレードはエントリーするまでが勝負です。エントリーした後は、トレンドが発生するのを待つだけです。思い通りにトレンドが発生したら、そのトレンドが続く限り、そのトレンドに乗ることが大きな利益につながります。毎回毎回、大きな利益にはならないし、時には含み益を一瞬でふっ飛ばすような切り返しを食らうこともありますが、丁寧にトレードをしていれば、そのうち大きなリターンにつながります。

どんな銘柄を選ぶにしても、エントリーのチャンスがくるまで監視を続け、エントリーのタイミングがきたら行動に移す。これだけです。

そのエントリーのタイミングは、くいっとチャート、がっくりチャート、GC、DC、そのほかにもあるかと思いますが、自分の得意パターンで勝負するのです。残念ながら、確実に勝てる方法はないですが、得意パターンをブラッシュアップしていけば、勝てる確率の高い方法を構築することができます。

使えるタイミングは少ないですが、５・25日移動平均線に75日移動平均線を組み込み、チャンスを待つのも手です。また、日足チャートと週足チャートの融合の解説をしましたが、さらに月足チャートも同時にサインを点灯さすこともあります。この3つの時間軸の異なるチャートが同時にサインを出すときには強烈なサインとなりますので、ぜひ覚えておいてください。

騰落レシオは、シンプルなテクニカル指標なのですが、サイン点灯頻度が非常に少ないために、個人投資家にはそんなに使われていないですし、使っていたとしても見逃してしまいがちです。

騰落レシオは、市場の体温計、相場の体温計とも言われており、相場全体の状況を把握するのにも適しています。そのため、転換点とも言えるような絶好のエントリーチャンスを教えてくれる重要なテクニカル指標です。

大きな値幅が狙えるスイングトレードにも最適です。もちろん、騰落レシオ単独では使い辛いので、5・25日移動平均線を加味しながらチャンスを狙うことになります。

ある程度の場数をこなすと、騰落レシオに加え、25日移動平均線からの乖離率を考慮したり、さらには信用評価損益率で需給を見たりといろんな情報を取り込み、「今日が仕込むべき日だ！」と信頼性の高いサインを見つけることが可能となります。そうすると、自ずと損小利大のスイングトレードができるようになります。

TOPSCOLAという言葉を聞いたことがあるでしょうか？

TOPSCOLAとは、「Take Of Profits Slowly, Cut Off Losses At once」の頭文字をとったもので、日本語に訳すと、「利食いはゆっくりと、損切りはさっさと」となります。日本語読みをすると、「トップスコーラ」になります。相場の世界では有名な格言となっています。

相場の世界で有名な格言ほど、個人投資家にとっては難しいものです。つまり「利食いはさっさと、損切りはゆっくりと」となってしまうのです。

「損切りはゆっくりと」と言うようなトレードをしていると、負けた時のインパクトが圧倒的に大きいため、相場から即退場となるケースもかなりの確率で起こります。いわゆる一発退場です。

仕掛けたあと、利益が乗ってきたら、外部環境に大きな変化がない限り、当初の手仕舞いポイントまで引っ張りましょう。「利食いはゆっくりと」です。

投資の世界では、利益の源泉は時の経過です。

これも脳ミソに焼き付けて下さい。ちなみに、損小利大のトレードを支える思考がチャート分析です。つまり、移動平均線分析や騰落レシオなのです。今日から、このツールをスマートに使いこなしていきましょう。

第4章

相場が崩れても勝てる投資力を身につけよう

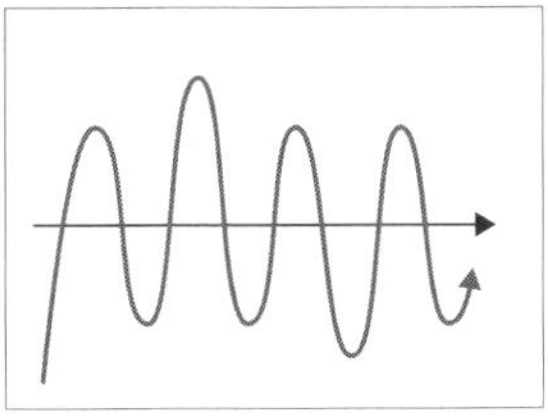

1 相場が崩れても勝てることを知る

株式投資の世界、ある日突然の悪材料発表を受けて、急落に巻き込まれることがあります。しかし、このような急落は交通事故のようなもので、残念ながら完全に避けることはできません。

しかし、数年に1度でやってくる暴落、相場の転換点による暴落、さらにはバブル崩壊という大暴落は予見できることが多いのです。つまり、相場全体からその雰囲気を読み取ることが出来るのです。

夏の日の夕立をイメージして下さい。青空から突然土砂降りになるのではなく、積乱雲が出て、暗くなり、雷が鳴って、雨がポツポツと降り出し、土砂降りになります。

でも、多くの人は積乱雲が出たことに気が付くことなく、たとえ気が付いたとしても気にすることなく、また雷が鳴っても、おしゃべりに忙しく聞こえないのです。そして、突然の土砂降りに慌てることになるのです。

これは相場の世界にそのまま当てはまります。つまり、何らかの変化に気が付けば、株価暴落のタイミングにアタリをつけることができるのです。もちろん、完璧に予測できるということではありません。天気予報と同じだと考えてください。明日の天気予報が雨でも、降水確率によっては、雨が降らないことも多いです。

この降水確率を相場に当てはめるとサインの信頼性ということになります。このサインの信頼性を見極めるのに、マクロ的な分析が必要となります。この点については、ちょっと難しくなりますが、相場の世界で生き抜くためには、大きな視野も必要だということを意識しておきましょう。

過去の暴落を検証してみると面白いことが分かります。暴落時の値動きは、その時々で異なりますが、同じようなパターンで登場します。つまり、暴落は歴史と同じで、繰り返されているのです。

とすると、過去の暴落の値動きを知っておくことはかなり重要です。知らなければ、対応が遅れたり、間違ったり、身動きが取れなかったりと損失が大きくなります。しかし、知っておけば即座に対応できるのです。

ここで、大きな下落が発生した時の一般的な個人投資家の行動パターンを紹介します。保有している銘柄には含み益があり、精神的にも余裕があるときです。そして、ある日突然、急落が起こります。

それなりに大きな下落が発生するも、上昇が長期間に渡っていれば、まだまだ上昇トレンドが継続すると考えて、個人投資家の多くは押し目買いという形で参入してきます。そのため、大きく下落してもローソク足で下ひげをつける形で戻ることになり、結果としては小さい下落となります。

押し目買いにより多少の戻しはあるものの、さらに下落することで、含み益はぶっ飛び、含み損が発生します。この時点では含み損になるも、「また戻る」という安易な期待感からそのまま保有継続となります。場合よっては、難平買いに走り、買いポジションを大きくします。

下落が続くことによりＤＣが発生し、トレンド転換が完了します。さらに下落が続くと、本格的な下降トレンドが発生します。こうなると、買い方の手仕舞い売りが起こり、空売りを巻き込み始めます。

ＤＣから下降トレンドが発生すると、相場には悲観論が出始めて、含み損拡大の恐怖から、さらに多くの株が売られ始めます。その結果、下落幅が徐々に大きくなります。つまり、ローソク足の陰線が大きくなるということです。

ここらで下落が止まればいいのですが、さらなる下落が続くのであれば、大損の恐怖から、ロスカットという生易しいものではなく、投げという投資行動が現れます。

こうなると加速度的な下落となります。

大量の投げが発生すると、大底形成ポイントであるセリングクライマックスという反転ポイントが登場します。セリングクライマックスでは、出来高が急増し、値幅も大きく、値動きもかなり速いのが特徴です。

このセリングクライマックスという暴落の最終局面が収まると、今度は急騰を開始します。この急騰をもって、この暴落は終了します。

暴落へとつながる局面というのは、大抵この流れです。とするなら、この流れを知っておくとトレードの戦略を練りやすいです。ちなみに、2020年2月後半からのコロナショックもこのパターンです。コロナショックについては後述しますが、上昇トレンドから下降トレンドにトレンド転換したら、暴落も意識しておくことです。特に長期間に渡る上昇トレンド終焉には注意が必要です。

この時、買いポジションがあるなら、手仕舞いです。場合によっては、ロスカットになることもありますが、ためらいは厳禁です。淡々と処理していきましょう。なお、上昇トレンドから下降トレンドにトレンド転換するという定義づけは、個人投資家自身でルールを明確化しておく必要があります。

暴落が始まると、賢い個人投資家は、保有銘柄を一斉売却し、チャンスを見ながら、少しずつ新規買い、もしくは売却銘柄を買い直していくというのが一般的です。定期的な積み立て投資の開始というのも面白そうです。

つまり、歴史的観点からすると、暴落は一時的なものであり、落ち着きを取り戻せば、株価は戻してくるという事実があるからです。暴落時は、業績など関係なしに一斉に売られるので、好業績銘柄を安値で買えるチャンスでもあります。

暴力的な下落時に逆張り的に買いで攻めるのはとても怖いものですが、上手く仕込むことが出来れば、中長期に渡り保有することによって、大きな利益を狙うことができます。ただし、感覚的に買ってしまうと、大きな損失となる可能性もありますので注意が必要です。チャートが発している声を聞いて、エントリーポイントを見極めましょう。

暴落後の急騰が完了すると、相場は次のステージに入ります。つまり、再度上昇トレンドに復帰すべく準備段階に入るのか、それとも暴落第2幕が始まるのかです。どちらに動き出すのかは、その時々によって異なりますが、どちらにしても大きく動くので絶好の収益機会です。気合を入れて臨みたいものです。

暴落に限らず、下降トレンド時には、空売りで攻めるのが基本です。よく相場で利益を出すにはトレンドに乗ることと言われますが、そのトレンドに乗るには売りから攻めるのが基本戦略になります。最初のうちはよくわからず怖いと思いますが、空売りについての知識がつけばガラリと話は変わります。下落シーンを素早く利益に変える「空売り」について解説していきたいと思います。

2　空売りで利益を出す方法

(1) 空売りは信用取引で

ここでは空売りで利益を出すコツを解説します。空売りを覚えると収益機会は２倍になります。通常は、上昇局面を買いで攻めることになりますが、下落局面を売りで攻めるのが空売りです。

初めて空売りという言葉を聞くと、難しくてリスクが高いという感じがします。しかし、空売りのやり方をマスターすれば、上昇局面だけでなく、下落局面でも利益が狙えます。しかも、下落スピードは上昇スピードよりも速いので、空売りの方が効率的ともいえます。

空売りするためには、信用取引の口座開設が必要となります。多くの個人投資家は、信用取引は証券口座に預けた金額の約3倍までの取引ができるので、レバレッジが効いているのでハイリスクというイメージを持っています。しかし、信用取引きの最大のメリットは空売りが出来ることです。

実際に信用取引をしている人でも、空売りをしている人の割合はかなり少ないというデータがあります。下落局面をじっと待ってやり過ごすのも良いですが、下降トレンドを空売りで利益を狙ってみるのも面白いです。

そこで、空売りのやり方や面白さが伝わるように解説したいと思います。とは言っても、買いの反対と理解して頂ければシンプルに理解できるかと思います。

（2）空売りをわかりやすくイメージする

一般的に、株と言えば、安く買って高く売ることです。つまり、５００円で買った株を１０００円で売れば、その差額５００円が利益になります。しかし、株式市場にはいろんな仕組みがあり、そのひとつに空売りがあります。

空売りとは、株価が高い時に先に売っておき、株価が安くなってから買い戻すことを言います。でも、株がないのに何で売ることが出来るのかと不思議です。ないものを売るのでまさしく「空売り」です。

実際は、ないものを売るのではなく、証券会社から株を借りて、その株を売って、安くなったところを買戻し、買い戻した株を証券会社に返却するのです。この一連の流れが株の空売りの仕組みです。

【空売りフローチャート】

株価 1000 円をつけている銘柄Ａ

↓

銘柄Ａの株価は下がると予測

↓

銘柄Ａの株を証券会社から借りる

↓

この銘柄Ａを 1000 円で売却

↓

銘柄Ａが株価 500 円になったので買い戻し

↓

銘柄Ａの株と 500 円が手許にある

※500円は売値 1000円と買値 500円の差額

↓

借りていた銘柄Ａの株を証券会社に返却

↓

トレード完了、手許にある500円が利益

右ページのフローチャートから、「空売りをする」というイメージがクリアーになったと思いますが、いかがでしょうか。もちろん、実際に空売りするのに、このような煩雑な手続きをしなくても良いように信用取引の仕組みがあるのです。

（3）空売りをする時には下降トレンドで

トレンドと同じ方向にポジションを取ることを「順張り」、トレンドと逆の方向にポジションを取ることを「逆張り」と言います。トレンドには、「上昇トレンド」と「下降トレンド」という2つのパターンしかありません。

通常、上昇トレンド中であれば、安く仕込んで高く売るという〝買い戦略〟が有効で、反対に下降トレンドであれば、高く売って安く買い戻すという〝売り戦略〟が有効です。

多くの個人投資家は、下降トレンドの最中でも買いで攻めることが多いので、負けることが多くなります。やはり、トレンドに従って「順張り」の方が勝つ確率も高くなり、何といっても大きな利幅が狙えます。無理して「逆張り」で挑んでも負ける可能性が高くなりますので避けたいものです。

下降トレンドにおいて、順張りで攻めるということは、空売りで攻めるということです。5・25日移動平均線分析なら、25日移動平均線が下向きの時が下降トレンドとなります。

今日から25日移動平均線が下向きの銘柄については、安易に買いで攻めることをせず、売り目線でチャートを確認するようにしましょう。

（4）空売り銘柄の探し方

空売りする銘柄の探し方ですが、いたって簡単です。下降トレンド銘柄を狙えばいいのです。つまり、ＤＣを完了した銘柄とか、５・25日移動平均線の下にローソク足がある銘柄を狙えばよいのです。

次ページの大成建設（１８０１）の日足チャートを見てください。チャート内の移動平均線は、５日移動平均線と25日移動平均線です。トレンドは25日移動平均線の向きで判断します。つまり、上向きなら上昇トレンド、下向きなら下降トレンドです。

空売りで狙うのは下降トレンドですから、25日移動平均線が下向きになっているところです。じっくりとチャートを眺めると、エントリーのタイミングが見えてくると思います。

大きく勝てるポイントは、25日移動平均線が下向きのところというよりも、DCの後やローソク足が25日移動平均線の下に潜り込んだ近辺を狙うのが効果的であることに気が付くと思います。

そして、なんと言っても下降トレンドはDCで始まりGCで終わる、ということもはっきりとわかると思います。

このトレンドの波が意識できるようになれば、上昇トレンドは買いで攻めて、下降トレンドは売りで攻めることができるようになります。

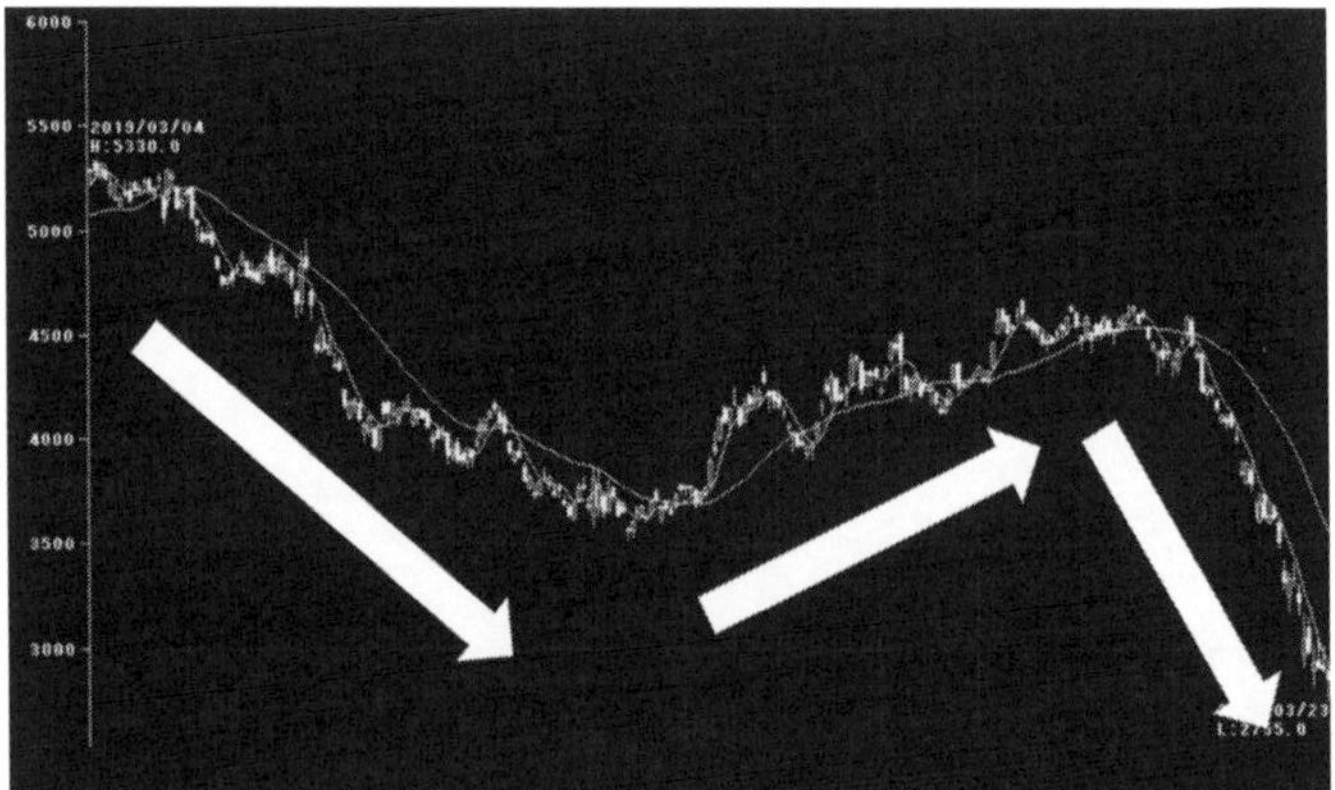

大成建設（１８０１） 日足 2019年3月1日〜2020年4月8日

「そんなこと、当たり前やろ！」という声が聞こえてきそうなのですが、実際に相場の世界に身を置けば、この当たり前のことができなくなるのです。つまり、買いで攻める方は、いつも買いから攻めています。下降トレンドの時も。

反対に、売りで攻める方は、いつも売りから攻めています。上昇トレンドの時も。そんなことしていたら、通常は損失が出ます。トレード技術があったらトレンドに反するトレードをしても利益を出せるとは思いますが、トレンドフォロー（順張り）でトレードする方が大きな利益につながるのです。

また、トレンドフォローの場合、エントリーのタイミングをミスっても、トレンドが助けてくれることも多いです。これがトレンドに従うことのメリットです。

一般的に、利益を出すためには「トレンドに乗ること」と言われますが、正確には「トレンドに従うこと」というのが正解という感じがします。

3 超実践、空売り銘柄のエントリーポイントはここ

空売りの仕組みもイメージできたし、下降トレンド中の銘柄を狙うことも理解したし、あとは仕掛けるタイミングだけです。タイミングといっても、今さら新しい知識が必要でなく、すでに解説済みです。

つまり、移動平均線分析やグランビルの法則に当てはめて、勝てる確率が高いタイミングを狙います。中でも、大きな値幅が狙える転換点、ＤＣがおすすめです。チャート的に確認しやすく、初心者でもわかりやすいサインですから。

しかし、個人投資家からは、「ダマシにあう」という声が非常に多く聞かれますが、チャートの見方がまだまだ甘いと感じられます。また、サインの信頼性の判断ができ

ていないようにも思えます。

下の川崎汽船（９１０７）の日足チャートを見てください。パッと見た瞬間に、「売り」、「買い」の判断がつきますか？

セミナー会場でこの質問をすると面白いことがわかります。投資判断をする前に、うんちくを垂れる人が多いのです。つまり、この銘柄はどうだとか、経済指標がどうだとか、です。それを考慮して勝てるのなら、そうすればよいだけで、勝てないのなら素直にチャートに従うだけです。

チャートの声に耳を傾けるとしたら、ＤＣと

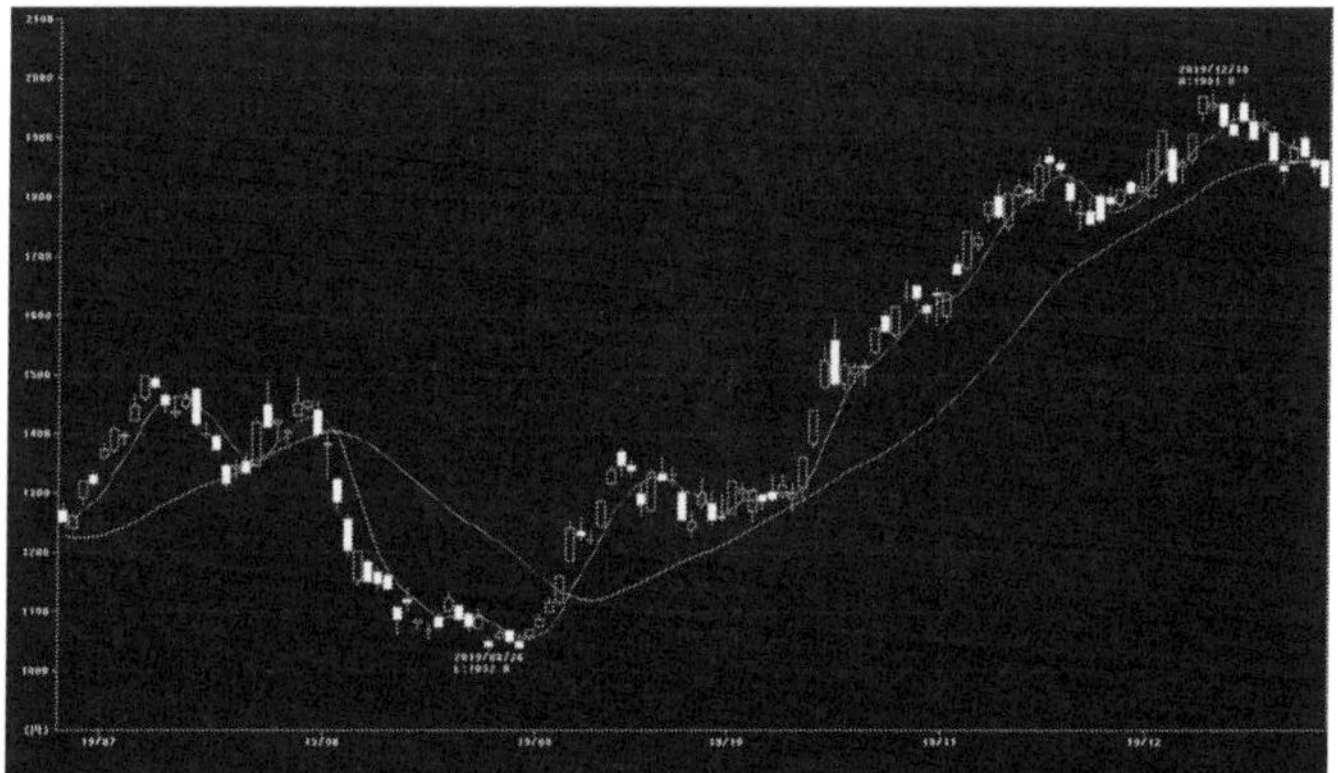

川崎汽船（９１０７） 日足 2019年6月25日～12月25日

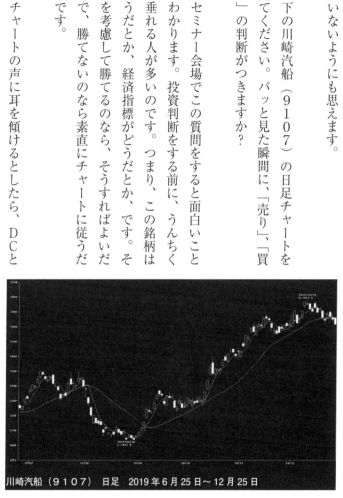

いうサインを発しています。これに従うだけです。とすると、「空売りで仕掛けるタイミングだ！」となるわけです。

この後のチャートを見てみましょう。

ＤＣのポイントである「Ａ」から下落がスタートし、「Ｂ」では弱々しい反発を演じるも、すぐに下降トレンドの戻るという動きになっています。転換点に相応しいと言えるような下落を演じています。

もちろん、いつもこのような値動きになるかというと、そうではありません。時にはもみ合い局面に入り、時には再上昇に転じたりします。

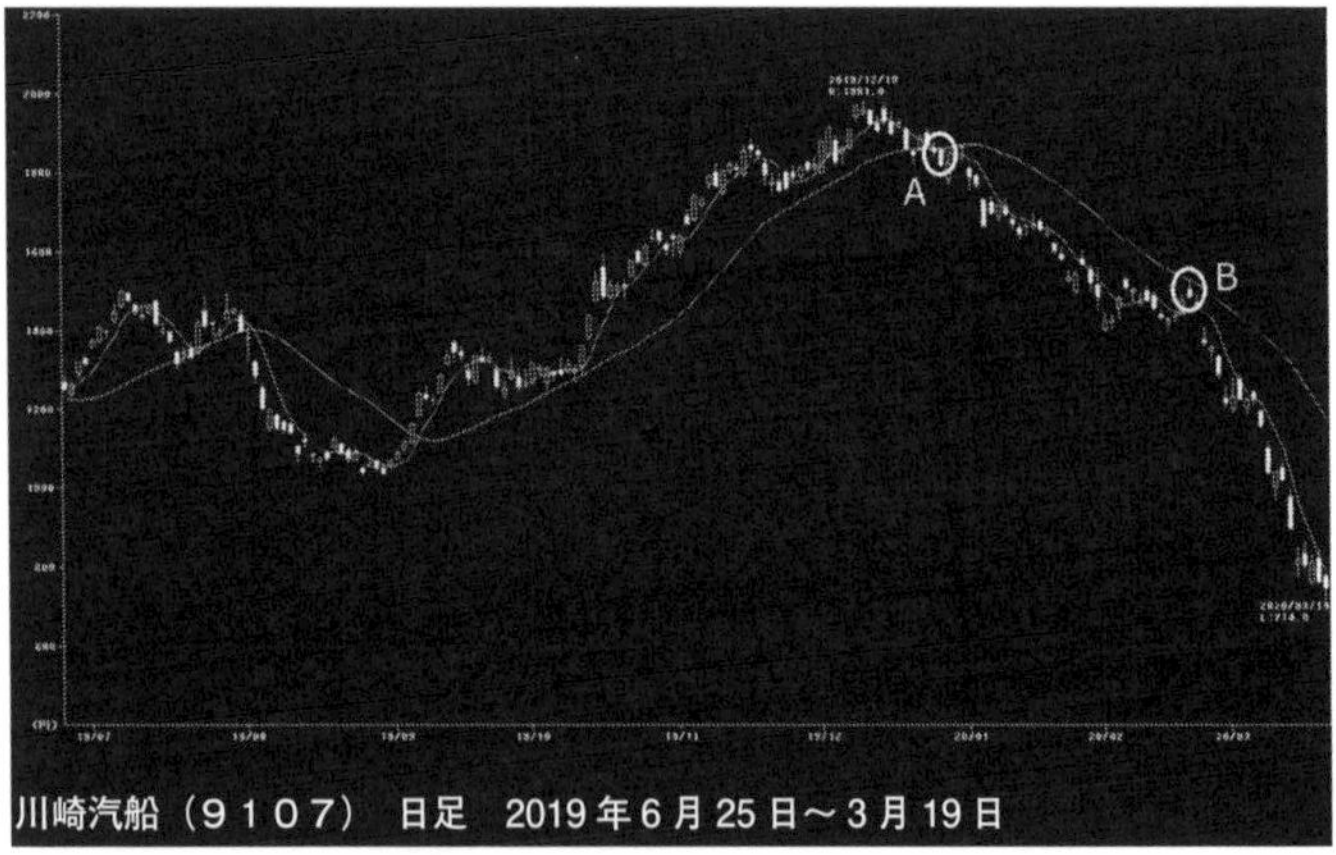

川崎汽船（９１０７） 日足 2019年6月25日～3月19日

その場合には、ロスカットになることもありますが、勝てる確率が高いサインに従いトレードしていれば、年間トータルでは利益となる可能性が高いです。1度、2度のロスカットで、このサインは使えないというのは非常にもったいないことです。

ここで「利乗せ」ということについて解説します。

サインが点灯し、エントリーし、含み益が乗り出すと、あとは手仕舞いの時が来るまでジッと待つだけです。ただ、その過程で「利乗せ」ができるチャンスがくれば、売り増して利益の拡大を図りたいものです。その利乗せのチャンスが「B」のポイントとなります。

このポイントはグランビルの法則の戻り売りのポイントでもあります。この戻り売りのポイントを移動平均線分析に落とし込むと、25日移動平均線まで戻った時が売り増しのタイミングとなります。

下の清水建設（１８０３）の日足チャートを見てください。コロナショックで相当売り込まれたチャートになっていますが、そこから戻りを演じたところです。この局面で、どのようなシナリオを描きますか。

話の流れからすると、このポイントもグランビルの法則でいう戻り売りのポイントであり、25日移動平均線まで戻ったポイントであり、空売りを仕掛けるタイミングとなります。

次ページチャート内の○印がエントリーポイントです。そこから、再度下落に転じていますが、前回の安値を割り込むことなく、25日移動平均線を超えています（□印）。しかも、

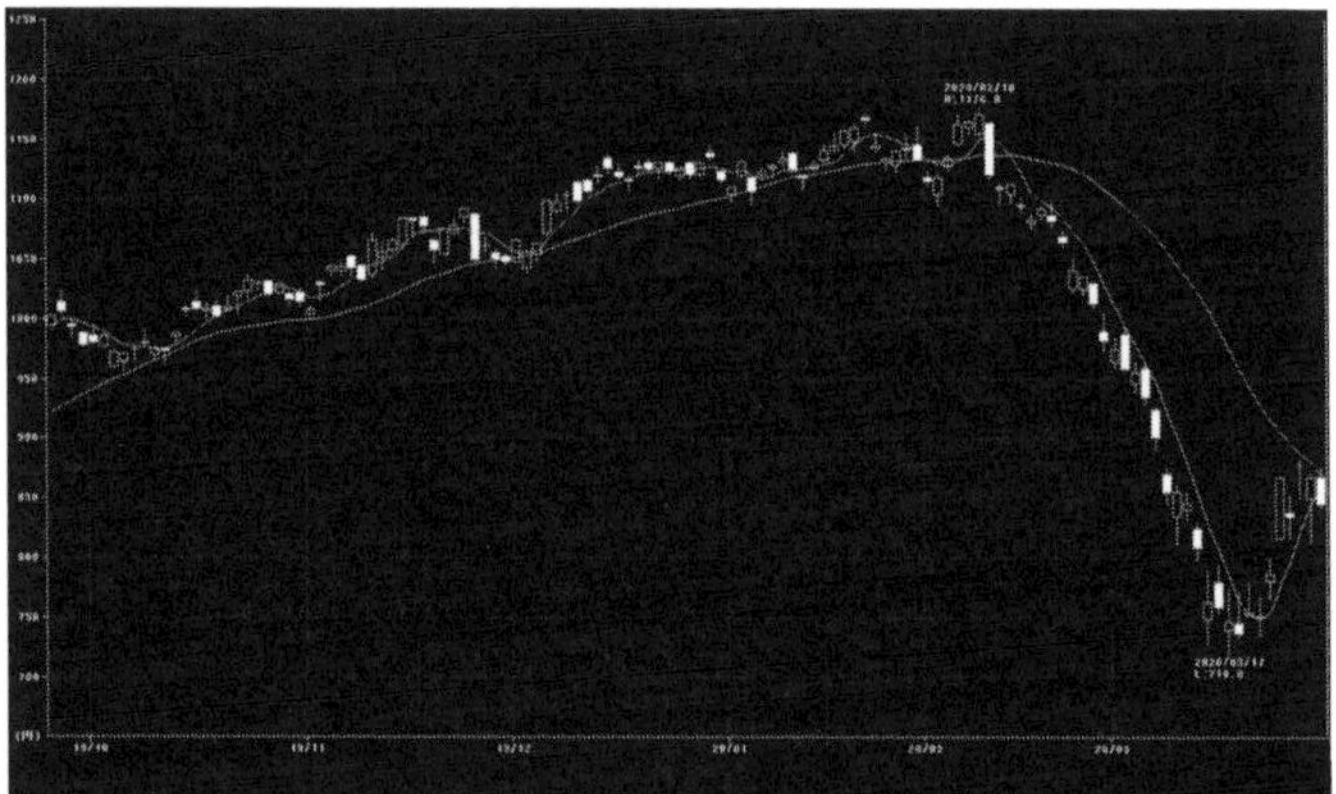
清水建設（１８０３）　日足　2019年6月25日～3月31日

５日移動平均線はくいっとチャートを形成しています。

再度下降トレンドに戻れば保有を継続することになりますが、ここからＧＣを形成し、上昇トレンドが発生することも考慮に入れて、ロスカットのシナリオも準備しておく必要があります。もちろん、さっさと25日移動平均線を超えてきたタイミングで手仕舞っても問題ありません。

同じような局面でエントリーしても、銘柄や相場状況で同じような値動きにはならないですが、そんな時こそ投資家としての腕の見せ所です。

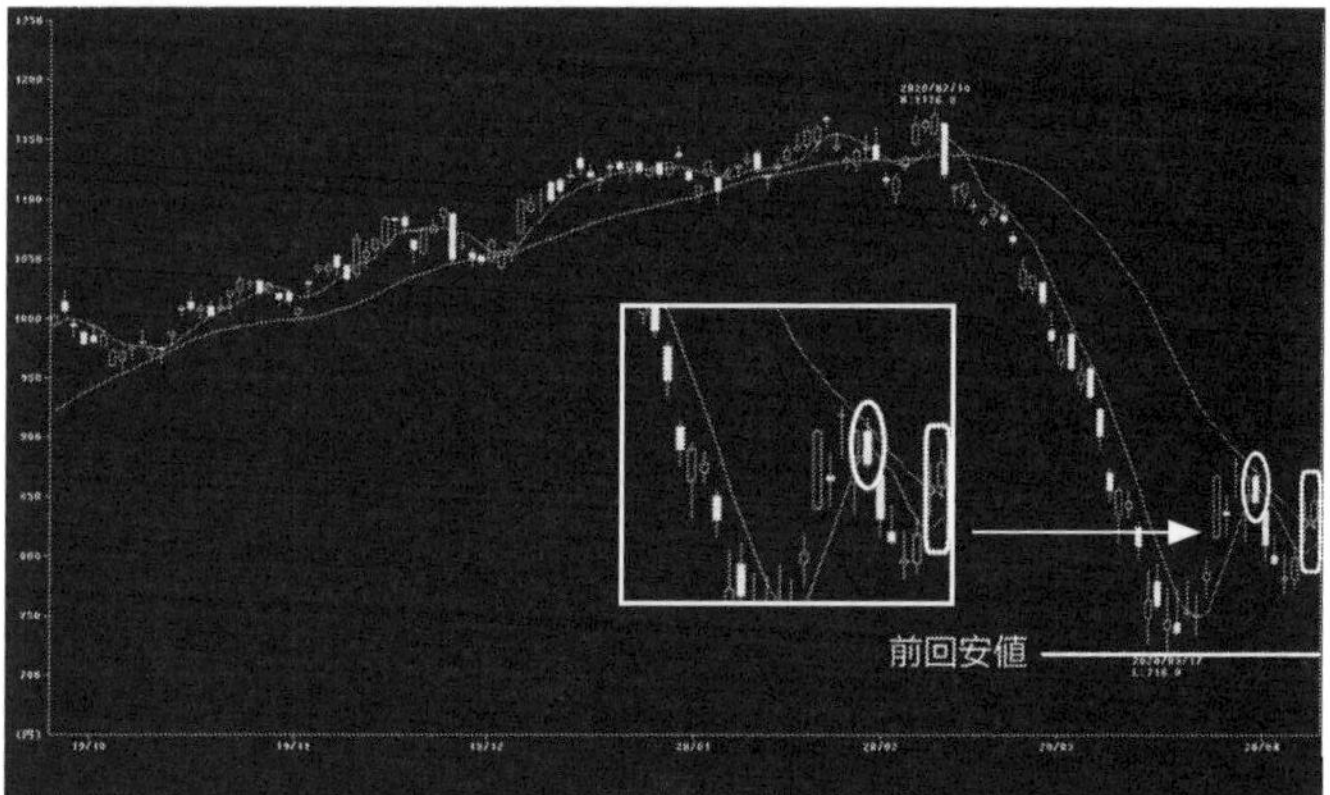

清水建設（１８０３）　日足　2019年６月25日～４月８日

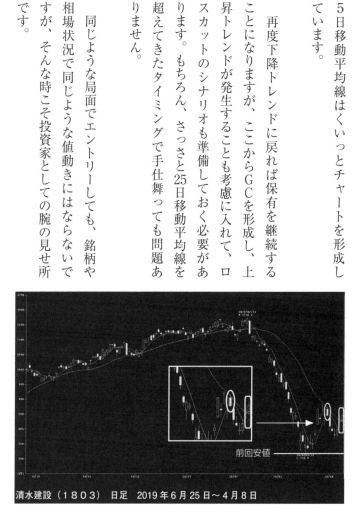

4 コロナショック暴落分析完全保存版

「暴落なんて予測できない！」と言い切る人は多いです。確かに100％の暴落予測なんてできる訳がありません。しかし、ある程度の予測は可能かなと思います。ここで予測が可能か、不可能かという議論はナンセンスなのでしませんが、暴落予測が絶対にできないという人は、暴落後の暴騰局面を狙ってください。

空売りで爆発的な利益をたたき出せる局面というのは、「暴落」なのです。ただでさえ値動きが速い下落局面ですが、暴落となれば、超高速下落となります。従って、短期間で大きな利益が舞い込みます。

そして、絶好の買い場となる暴落の最終局面。このタイミングをチャートで確認できれば、自信をもってエントリーでき、大きな利益につながります。しかも、暴落幅が大きければ大きいほど、急騰幅も大きくなります。

そんな暴落ですが、新型コロナウイルス拡大が起爆剤となり、東京株式市場に襲い掛かったのが２０２０年2月25日です。

そこから下落が始まり、世界中の株式市場を巻き込み、大暴落となりました。そんなコロナショックを解説します。

「今さら解説されても単なる後講釈で意味がない」とピンボケなこと言うなかれ。暴落はいつの時代も同じパターンでやってくるのです。もちろん、全く同じということではなく、その時々の相場の状況により、多少姿形を変えてやってくることもあります。

いずれにせよ、暴落前の予兆やサインを知ることは、個人投資家にとっては計り知れないメリットです。

（1）長期に渡る上昇トレンド終焉のサイン

長期に渡って上昇を続けた米国株式市場。そんな米国株式市場に、興味深い売りサインが点灯しました。ダウとＲＳＩのダイバージェンスです。

ダイバージェンスとは、株価は高値を切り上げているのに、ＲＳＩは高値を切り下げているという逆行現象を言います。通常は、株価が上昇するとＲＳＩも上昇しますが、天井圏、底値圏ではダイバージェンスが発生します。

ダイバージェンスは、上昇トレンドが最終段階に入り、急激なトレンド転換が起こる予兆です。また、ダイバージェンスは移動平均線分析とも相性が良く、ＤＣよりも早くサインが出るのです。つまり、トレンド転換の先行指標として利用することができるのです。こんな確度の高いサインは見逃し厳禁です。実はダウだけではなく、日経平均でもこのダイバージェンスが起こっていました。

日経平均　日足　2019年9月24日～2020年2月21日

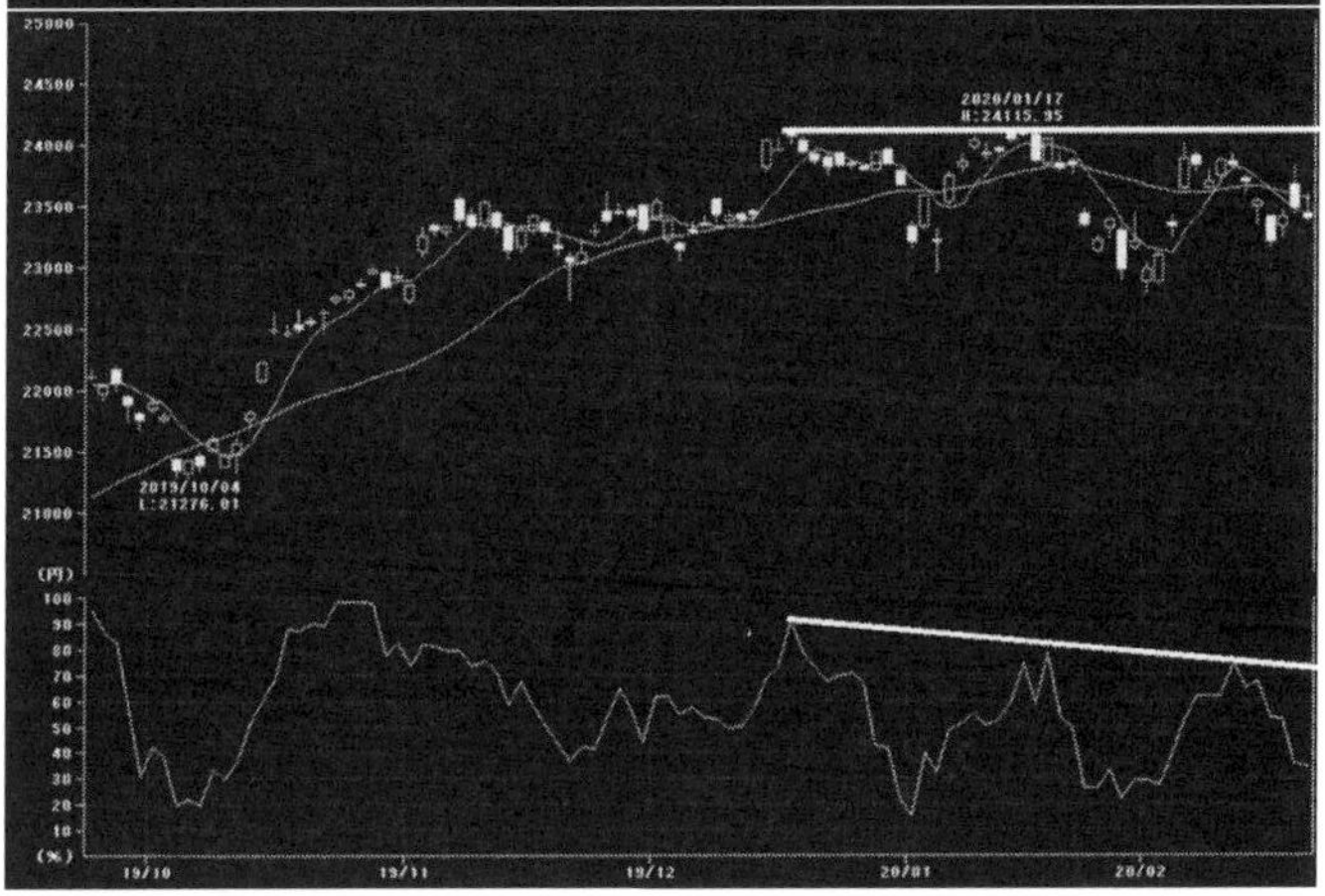

上の日足チャートは日経平均です。下のテクニカル指標はＲＳＩです。ＲＳＩはきれいに上値を切り下げています。これに対して、日経平均はほんの少しですが、上値を切り上げています。見たところは水平線に見えるので、ダイバージェンスというよりも、高値圏推移からの下落チャートパターンと認識した方が良いかもしれません。

いずれにしても、大きな下落が見込めるチャートパターンですから、転換点であるＤＣが発生したら、少しずつ打診売りをしたい局面です。この場合、狙うのは２２５先物になります。

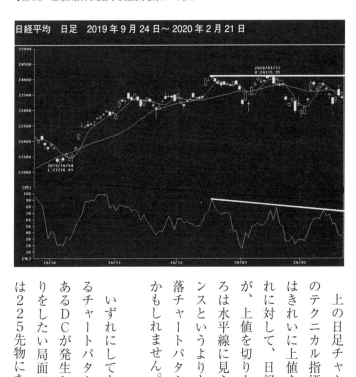

個別銘柄を狙う場合は、個々のチャートを確認して、エントリーチャンス到来なら仕込んでいきましょう。

ここから先が気になると思います。下のチャートを見てください。想定通り、暴落を演じることになりました。1～2年に1度起こるような下落幅ではなく、歴史に残る大暴落となりました。

先ほど、「高値圏推移からの下落チャートパターンと認識した方が良いかもしれません」ということを書きましたが、こちらもよくある暴落チャートパターンなのでご紹介しておきます。

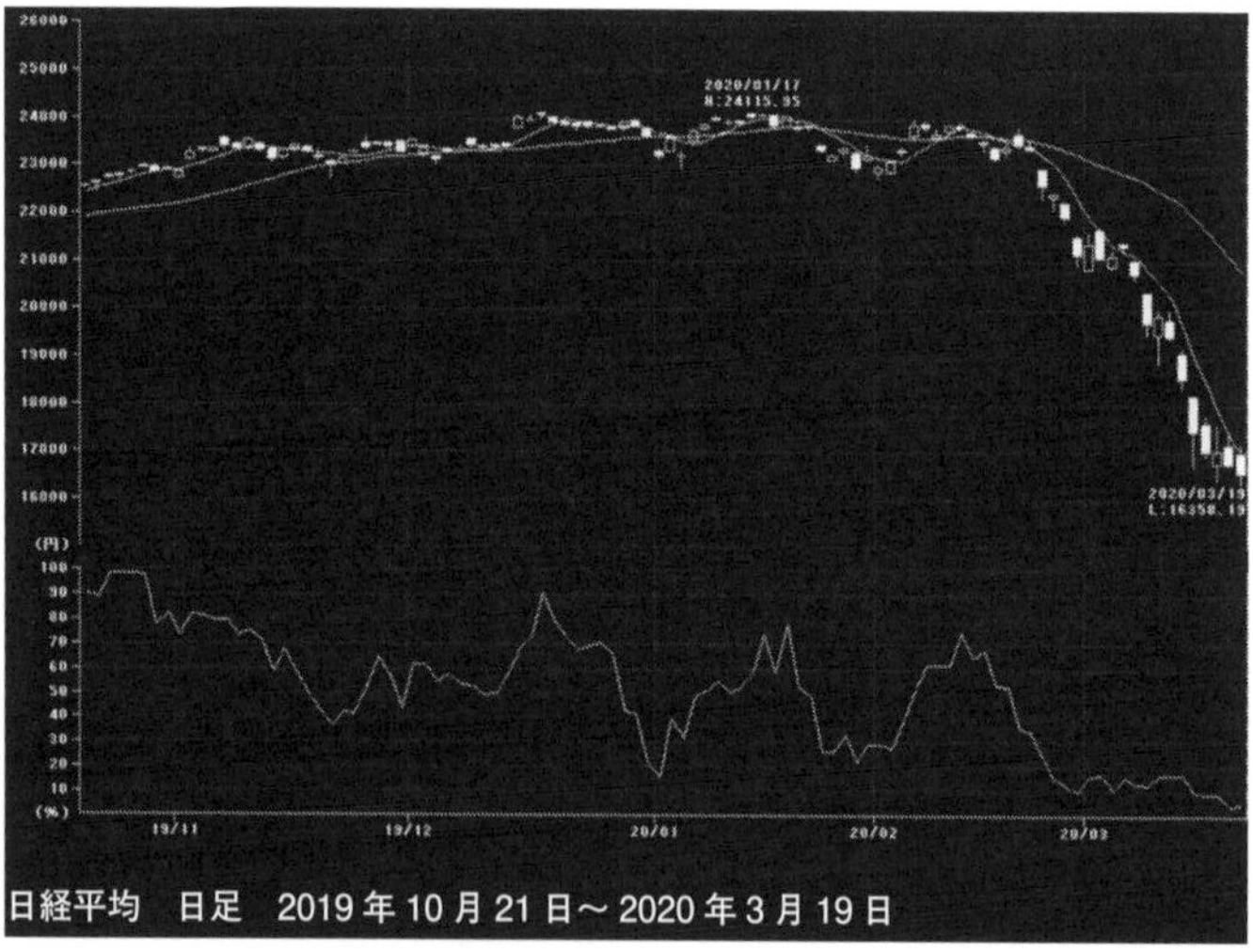
日経平均　日足　2019年10月21日～2020年3月19日

次ページのチャートを見てください。今度は日経平均ではなく、売買ができる日経225先物で解説します。上は2015年2月19日～8月20日、下は2019年8月26日～2020年2月25日のチャートを上下に並べてみました。

何か気づく点はありますか？

人によって感じ方は様々だと思いますが、この2つのチャートはよく似ているのです。もし、ピンとこなければ素通りしてください。細かいところまでそっくりというわけでなく、大まかに同じようなチャートとして認識できれば問題ありません。

やはり、ピンとこないからといって素通りするのはあまりにももったいないです。なので何度もチャートを見てください。そのうち、よく似ているチャートだなと思えてきますから。

エントリーポイントは、ダイバージェンス解説時にもしましたが、DC近辺です。

日経 225 先物　日足　2015 年 2 月 19 日～ 8 月 20 日

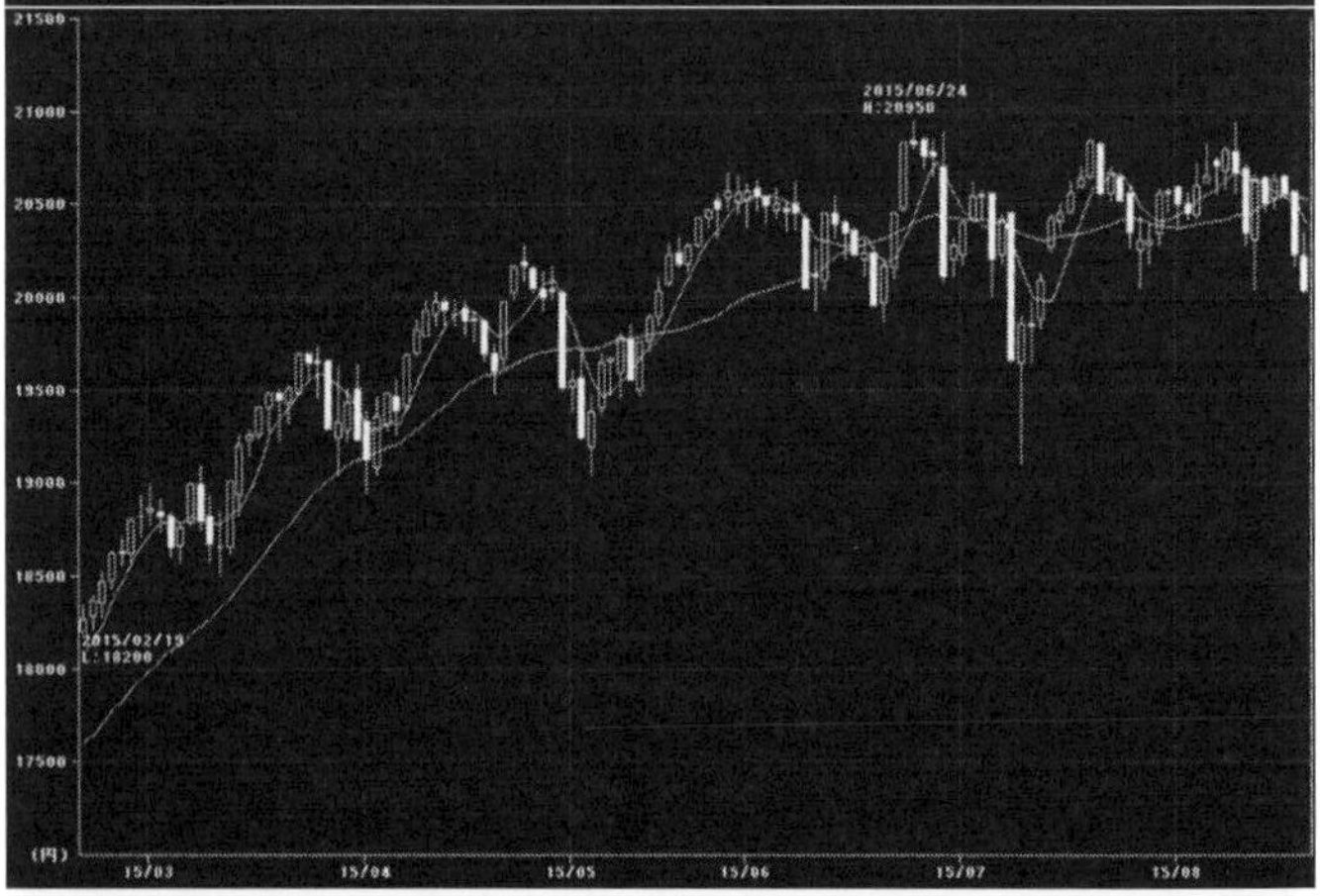

日経 225 先物　日足　2019 年 8 月 26 日～ 2020 年 2 月 25 日

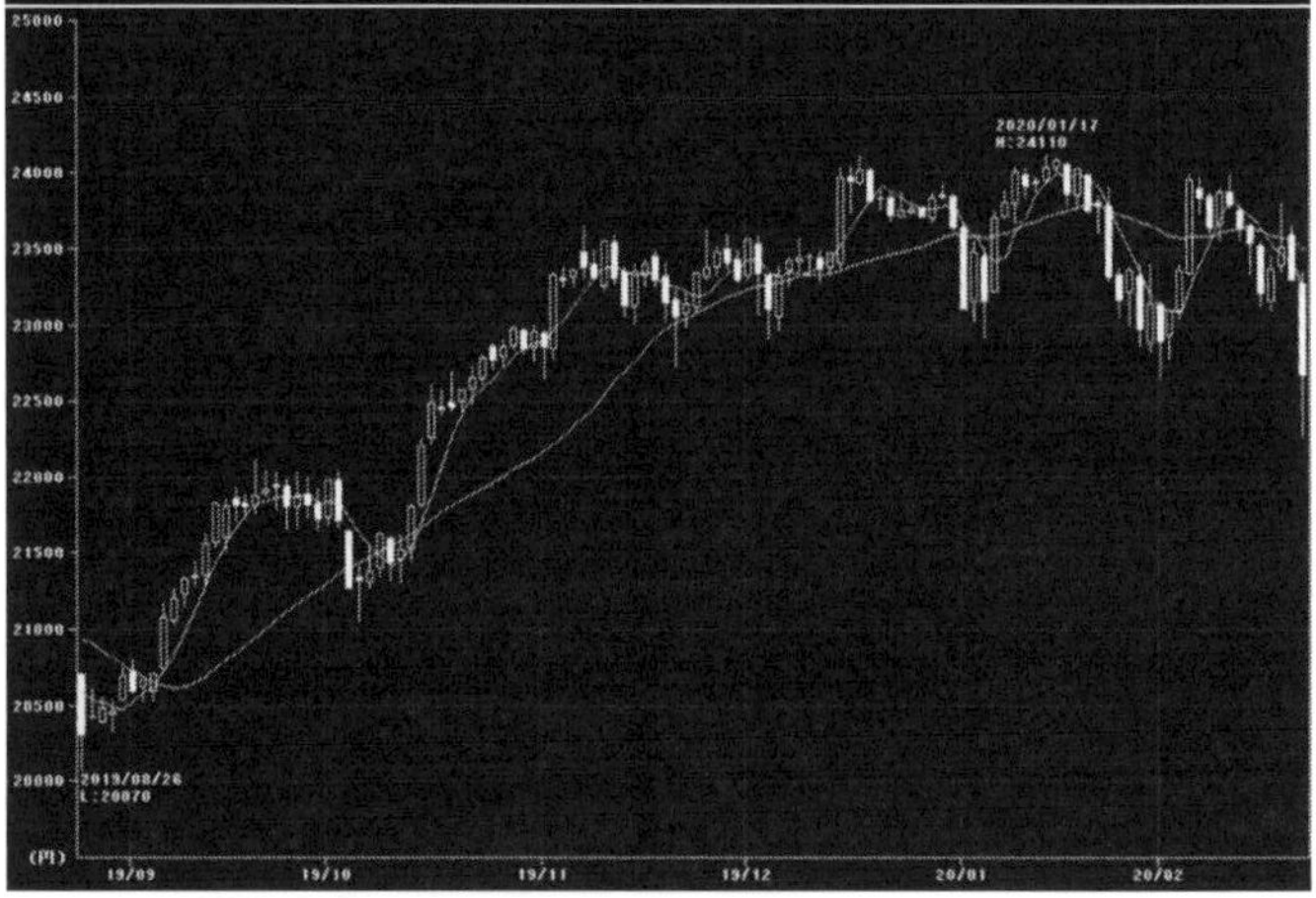

ＤＣ近辺というと、ちょっとあやふやな感じですが、高値圏推移の場合は、25日移動平均線をまたいでゆらゆらするので、その近辺ということになります。

右の２枚のチャートをじっくりと見ると、じわじわと上昇トレンドが弱ってきているのがわかりますので、ＤＣ近辺で何回かに分けてのエントリーということになります。

もちろん、エントリーした後に前回高値を超えてくるような上昇となれば、ためらわずにロスカットです。

「高値圏推移からの下落チャートパターン」と考えるなら、75日移動平均線を加えても面白いです。第３章でも解説しましたが、３線が接近し、一気に動き出します。このタイミングでタイムリーにエントリーすることができれば、とってもスマートなトレードができます。

次ページのチャートを見てください。先ほどの２枚のチャートにそれぞれ75日移動平均線の加えてみました。こうすることで、エントリーのタイミングが見えてくると思います。

コロナショックの初動を見逃した人は、次回の暴落の初動に乗れるように、しっかりと記憶してください。ちょっと先になりますが、必ず役に立ちます。記憶していないと、明確なサインが出ても見逃してしまいますから。

164ページのチャートは、この先の値動きです。どちらもドラスティックな値動きになっています。今回のコロナショックは、通常の暴落値幅3000〜3500円をはるかに超えて、約8000円幅を記録しました。

こんな大暴落はもう来ないという人もいますが、必ずまた来ます。ただし、10〜20年に1度という頻度なので、気長に待つというよりかは、日々丁寧に相場に向かいましょう。そのうち、大きな値幅に出会うことになりますよ。

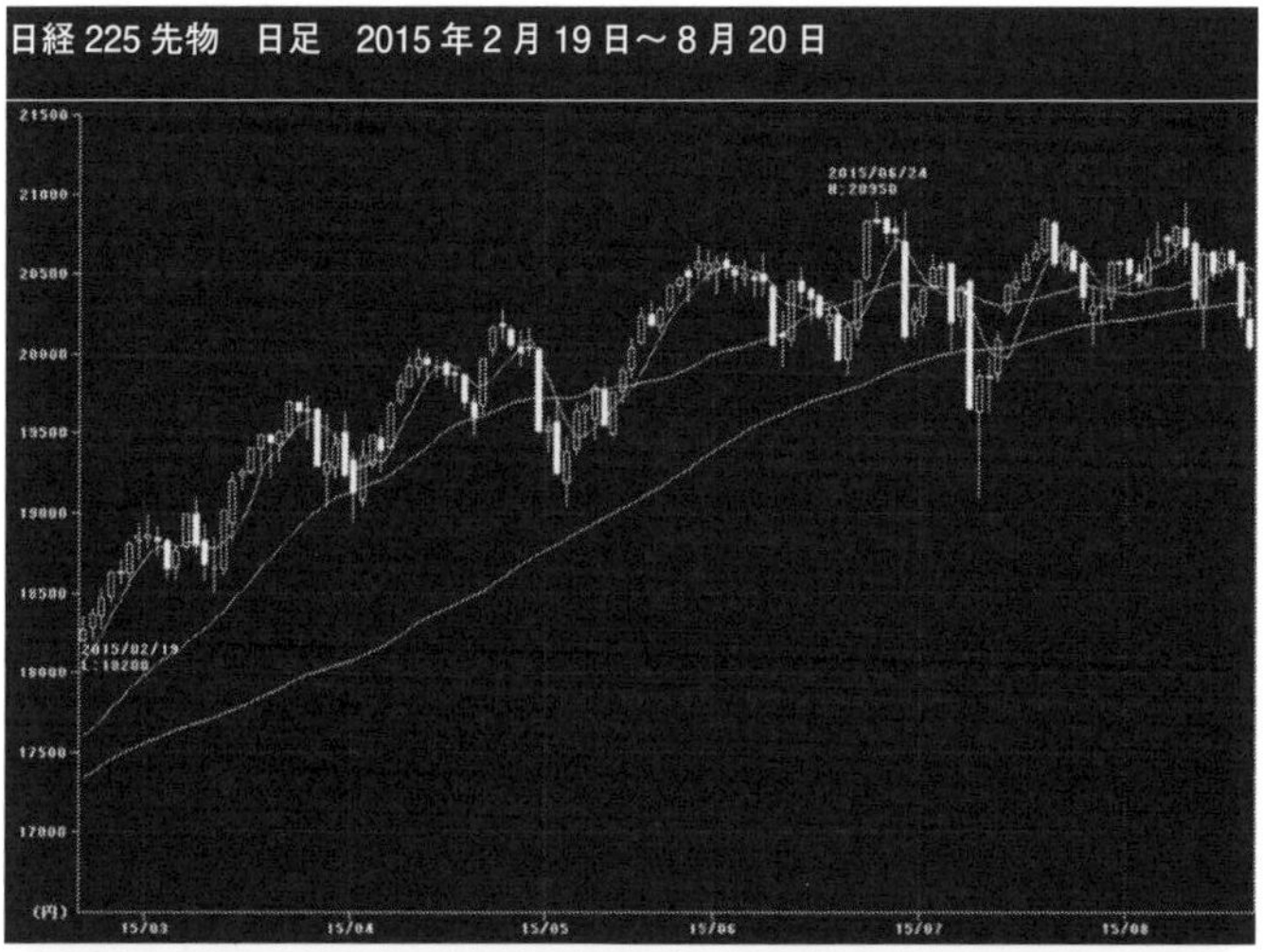
日経 225 先物　日足　2015 年 2 月 19 日～ 8 月 20 日
2015/06/24
H:20950
2015/02/19
L:18200
(円)
15/03
15/04
15/05
15/06
15/07
15/08

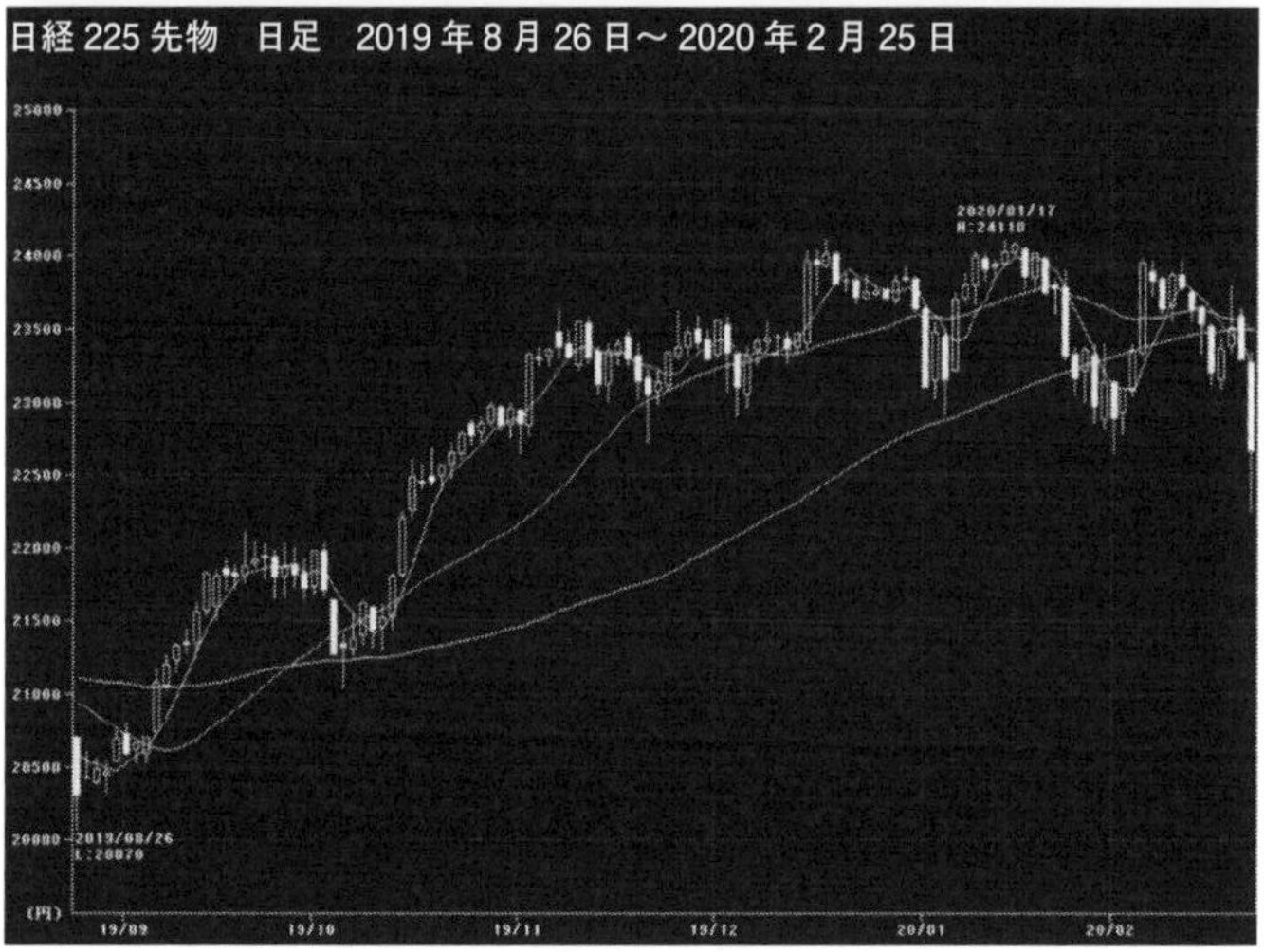
日経 225 先物　日足　2019 年 8 月 26 日～ 2020 年 2 月 25 日
2020/01/17
H:24110
2019/08/26
L:20070
(円)
19/09
19/10
19/11
19/12
20/01
20/02

日経 225 先物　日足　2015 年 2 月 19 日～ 8 月 25 日

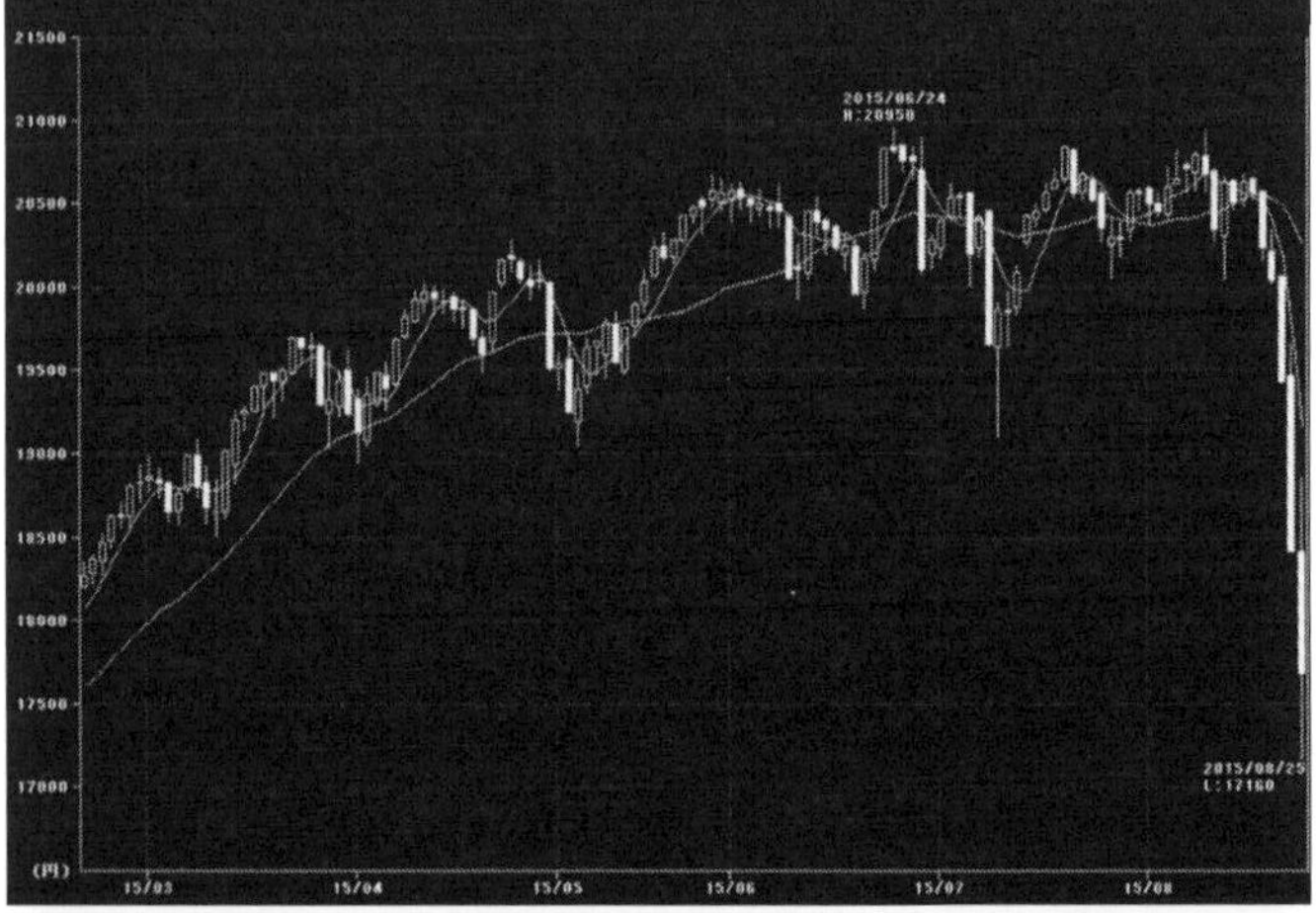

日経 225 先物　日足　2019 年 9 月 19 日～ 2020 年 3 月 19 日

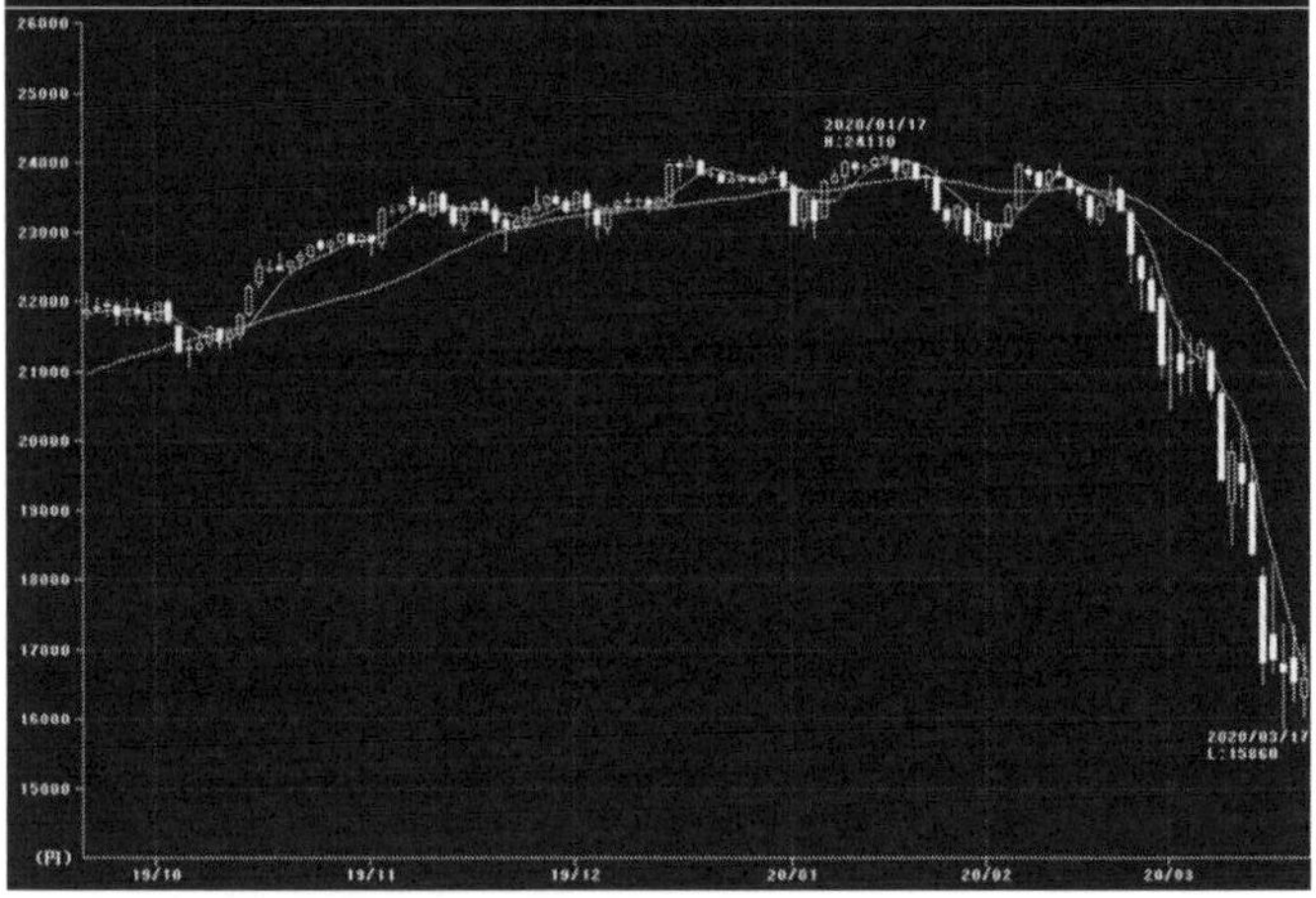

（2）225オプションというツール

暴落が期待できる局面では、日経225オプション（以下、225オプション）のプットという武器を使います。相場が暴落すれば、プットは暴騰するという特徴があります。オプションに関しては、紙面の関係上、詳しい解説はできないですが、トレード技術が向上すると、個別銘柄から225先物、ＦＸへと進みます。さらには、225オプションに進むことになります。

225オプションにまで到達するにはちょっと時間がかかるかもしれませんが、225オプションというツールの特徴を知っておくのもよいと思いますので、ここで紹介しておきます。全く理解できなくても、適当に読み流していただければと思います。

いろんな考え方があるかと思いますが、転換点に差し掛かった時に暴落到来に賭けて、2500～3000円アウトのプットを仕込むのが得策かなと考えます。つまり、

225先物が24000円をつけているなら、21000円のプットを狙います。もちろん、投資資金を半分に分けて、21000円と21500円の両方を狙うのも手です。

次ページ上の225オプションの3月限プット21000円の日足チャートと下の225先物の日足チャートを見てください。

チャート内の期間は同じにしてあります。見るべきポイントは、チャート内の□印です。「A」～「D」の値位置を確認すると、次のようになります。

A　225オプション　2020年2月20日　安値9円
B　225オプション　2020年3月2日　高値1210円
C　225先物　2020年2月20日　高値23800円
D　225先物　2020年3月2日　安値20460円

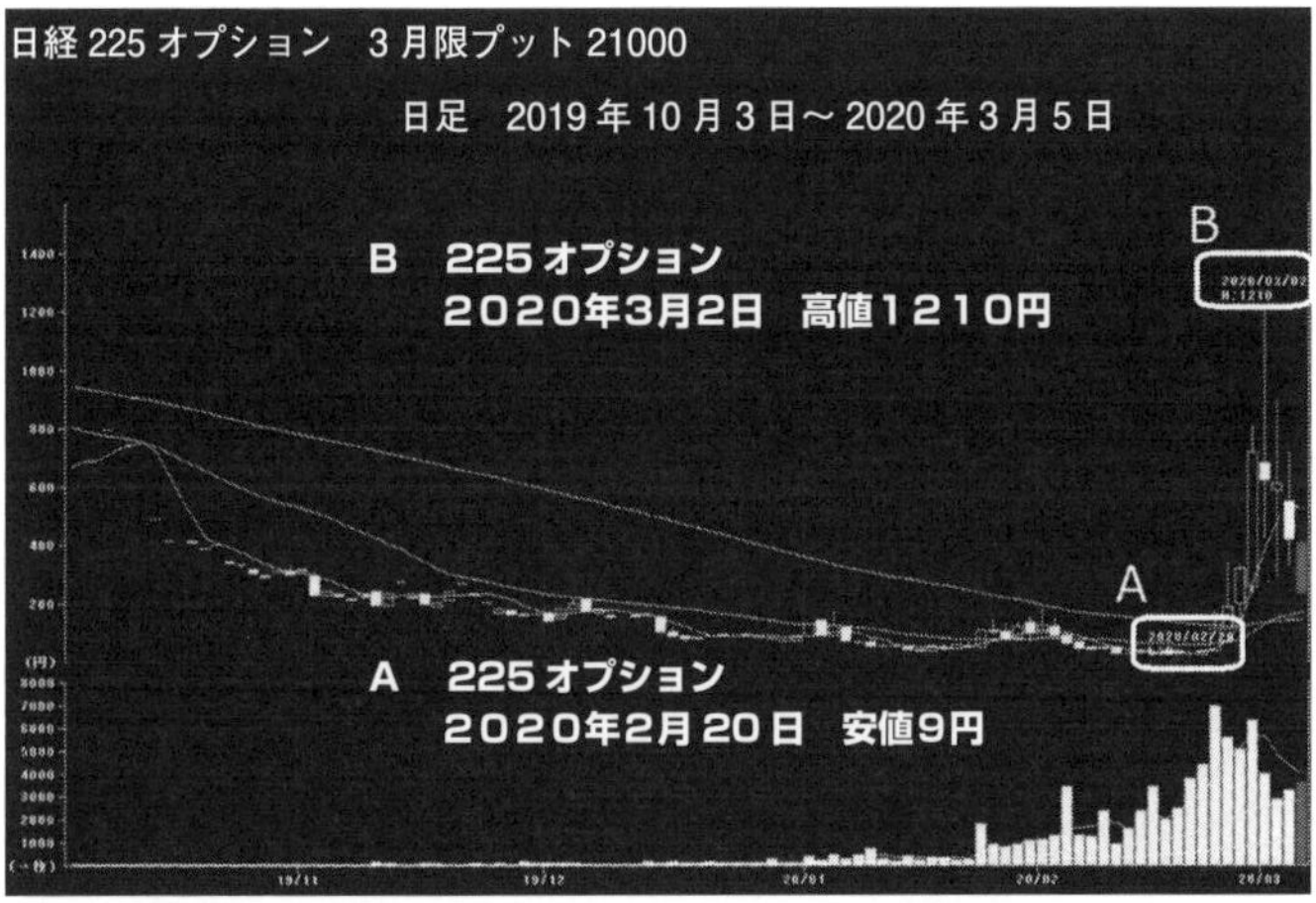
日経225オプション　3月限プット21000
日足　2019年10月3日～2020年3月5日
B　225オプション
2020年3月2日　高値1210円
A　225オプション
2020年2月20日　安値9円
B
A

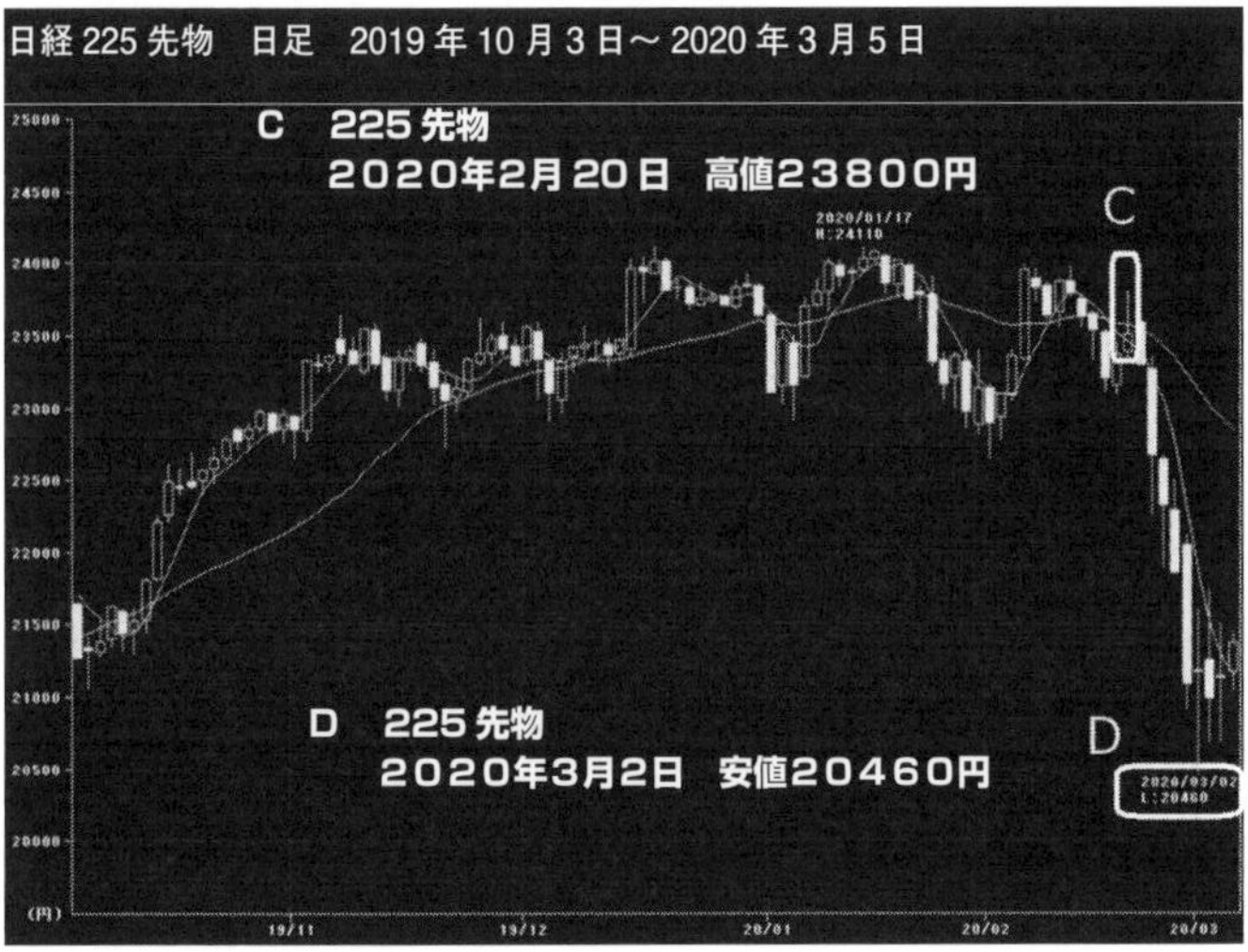
日経225先物　日足　2019年10月3日～2020年3月5日
C　225先物
2020年2月20日　高値23800円
C
D　225先物
2020年3月2日　安値20460円
D

チャート内の「A」と「C」、「B」と「D」は紐付きの関係です。225オプションは、2月20日に9円の安値をつけた後、1210円まで暴騰しています。なんと100倍以上です。その時の225先物の値動きを確認してください。下落幅は3340円です。

もちろん、端から端まで完璧にとるなんてことはできませんが、とれるところを取れたらいいのです。実践では、225オプションだけを狙うということはせず、個別銘柄も225先物も売りで攻める中、225オプションでも攻めていくという戦略がよいでしょう。

前著で解説したのが約2年前ですが、またもや同じことが起こりました。次回はちょっと先になりそうですが、同じことが起こりますよ。

（3）暴落の後にやってくる暴騰

長年にわたり暴落研究していると、興味深いことが発見できます。そのひとつが、暴騰です。つまり、暴落と暴騰はセットなのです。今回のコロナショックでも同じことが起こりました。この事実を知っているのと知らないのとでは、年間収益にかなり大きな違いをもたらします。

でも、暴力的な下落を目の当たりにすると、とても買い向かうことなんてできないと思います。もちろん、買い向かう必要なんてないのです。下落が止まり、反転のサインが出てからエントリーすれば問題ありません。

投資の世界には、「落ちてくるナイフは掴むな！」という教えがあります。大きく下げてきたので、感覚的に今が底値だと思い買っても、さらに下げていくという経験をしたことがあると思います。下落スピードが速いので、数日後には大きな損失になることもあります。

実際、2月25日から約2週間後の3月10日前後で逆張り的にエントリーした個人投資家も多かったように思えます。2週間も下落が続き、「20%、30%も下落したので今が買い」、「バーゲンセール、今が底」のような投資情報もたくさんありました。

そこでエントリーをすればどうなっていたのか、多くの銘柄は下落継続です。すべての銘柄がそうではないですが、3月19日まで下落が継続しました。下落幅は、逆張りエントリー組が含み損に耐え切れず、投げるような値幅です。

落ちてくるナイフは掴んではいけません。しっかりと床に突き刺さったことを確認する必要があります。そのためには、床に突き刺さったことを確認する方法を知る必要があります。最もシンプルで簡単な方法が、くいっとチャートです。今さらですが、暴落、暴騰の局面でもこのくいっとチャートが威力を発揮するのです。

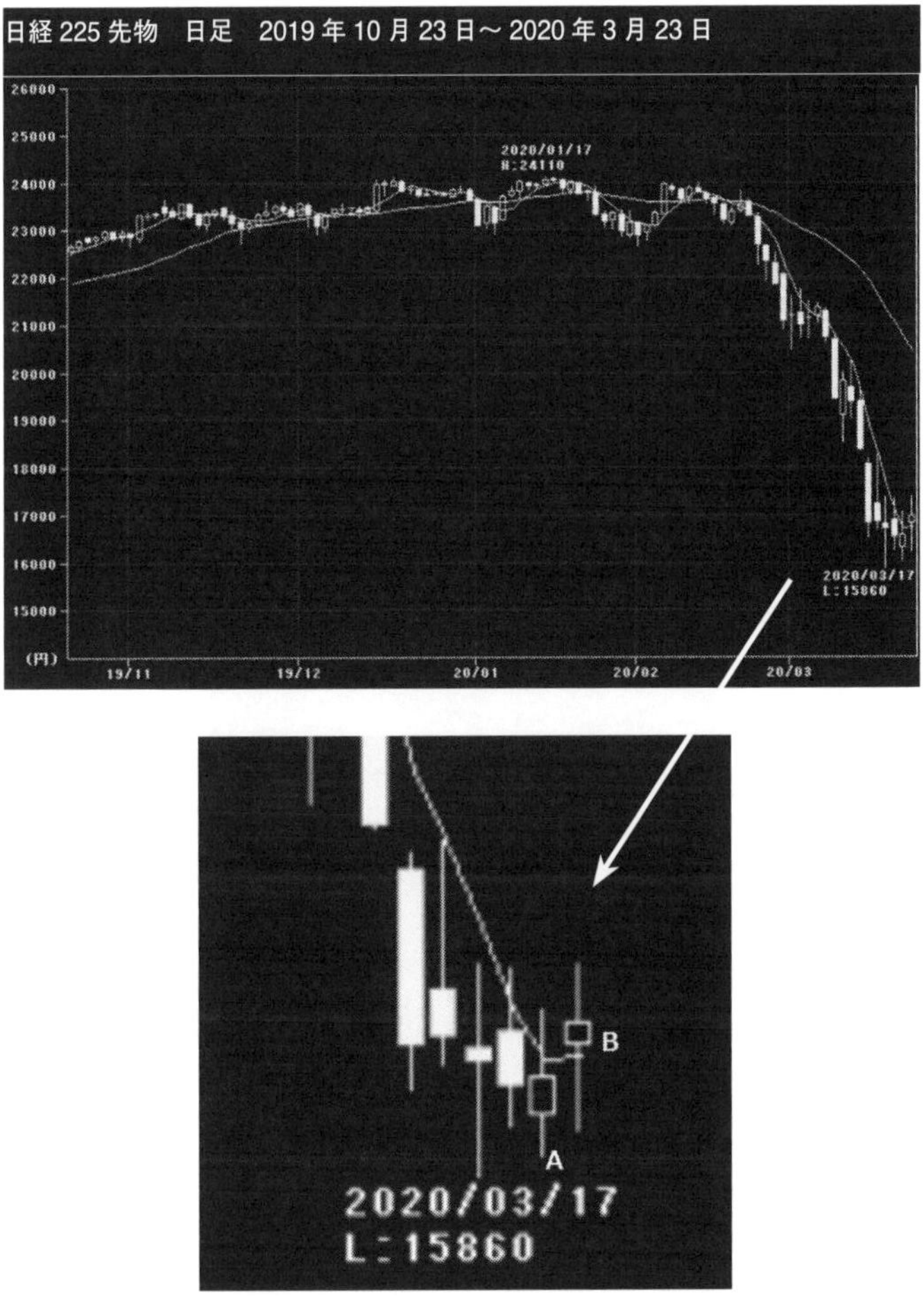
日経225先物　日足　2019年10月23日～2020年3月23日
26000
25000
24000
23000
22000
21000
20000
19000
18000
17000
16000
15000
(円)
19/11
19/12
20/01
20/02
20/03
2020/01/17
H:24110
2020/03/17
L:15860
B
A
2020/03/17
L:15860

前ページの225先物の日足チャートを見てください。

右端2本のローソク足に注目してください。陽線が立っています。3月19日と翌営業日3月23日（春分の日、土日と3連休明け）です。ちょっと小さいので拡大したチャートが下です。

拡大チャート内の19日の陽線を「A」、23日を「B」とします。「A」では、まだ5日移動平均線の下にありますが、「B」では5日移動平均線の上に抜けてきました。よく見ると、5日移動平均線は少しですが上向きに転じ、くいっとチャートの登場となっています。このタイミングこそ、ナイフが床に突き刺さったサインとなります。

この先のチャート（次ページ）を見てみましょう。くいっとチャートの翌日、翌々日とも暴騰となりました。225先物なら大きな利益になっています。個別銘柄を狙う場合も同じです。ただし、相場全体の底値を形成するタイミングも見計らないながら、エントリーすべきタイミングを見極めていく必要があります。

コロナショック大暴落と今までの通常暴落との違いは、下落幅です。通常暴落の倍以上の下落幅となりました。ただ、それ以外に関しては、通常暴落と同じような値動きになっています。

つまり、下げたら上げるという相場の原理原則に基づき、暴落後には暴騰が起こるということも忘れずに。そして、サインが出たら恐れずにエントリーしていきましょう。

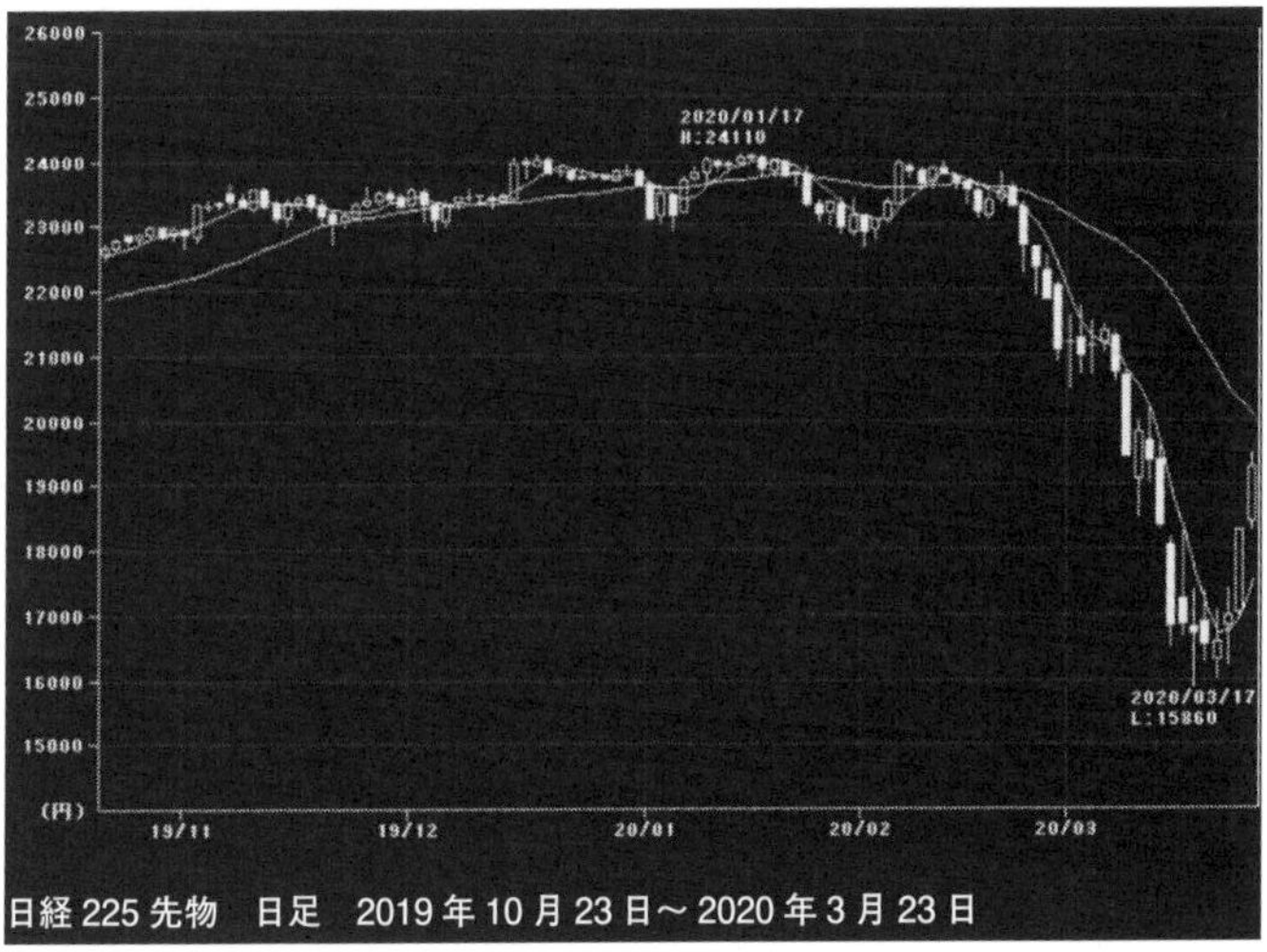

日経225先物　日足　2019年10月23日～2020年3月23日

5 マザーズ銘柄なら2倍、5倍、10倍が狙えるチャンス

繰り返しますが、暴落のあとの暴騰はセットなのです。今回のコロナショックも例外ではなく、悲壮感漂う3月半ばでしたが、後半には暴騰を演じました。さらに反発は続き、日経平均は4月の終わりには半値戻しを完了しています。マザーズ指数に関しては、驚くことにコロナショック前よりも高くなっています。これが相場の面白いところであり、難しいところです。

ということは、今回の暴落も例にもれず、絶好の買い場を提供してくれています。反騰が来るとはわかってはいるけれど、あんな値動きが速い局面で、どこでエントリーすれば良いのか全く分からないとの声が聞こえてきそうですが、本書で何度も解説しているくいっとチャートを待てば良いのです。

難しいことを考える必要はありません。先ほど、２２５先物で解説しましたが、今度は下のマザーズ指数のチャートを見てください。

マザーズ指数の方が２２５先物のチャートよりも綺麗です。チャート内右端のローソク足が3月24日の陽線です。きれいなくいっとチャートが立っています。このタイミングが反騰のサインとなります。

翌日もいい感じの陽線を出しました。その後は5日移動平均線にまとわりつく値動きとなり、ＧＣへとつながる準備段

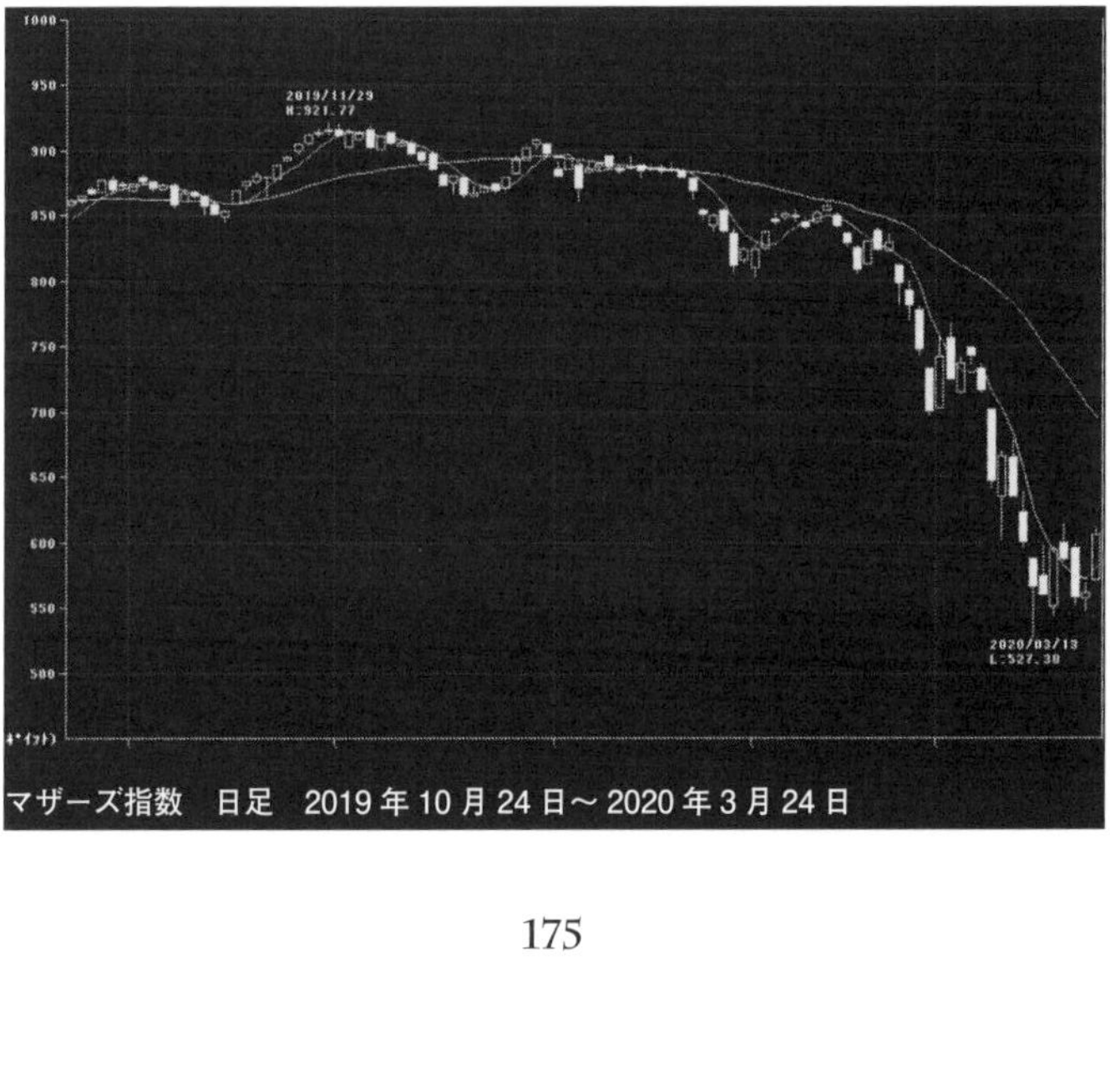

マザーズ指数　日足　2019 年 10 月 24 日～ 2020 年 3 月 24 日

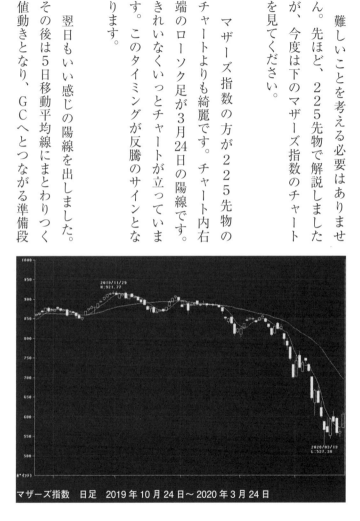

階のように見えました。しかし、4月3日にきれいながっくりチャートが登場します。

第1幕の大暴落を演じたあと、多少の戻り局面もあったので、このタイミングで第2幕に突入する可能性もあるチャートです。

チャート分析のミクロ的視点を重要視すれば売りサイン点灯ですが、この下落幅に見合う反発にしては小さいとするマクロ的視点からすると、下げても前回安値を割り込むことないという判断も可能です。

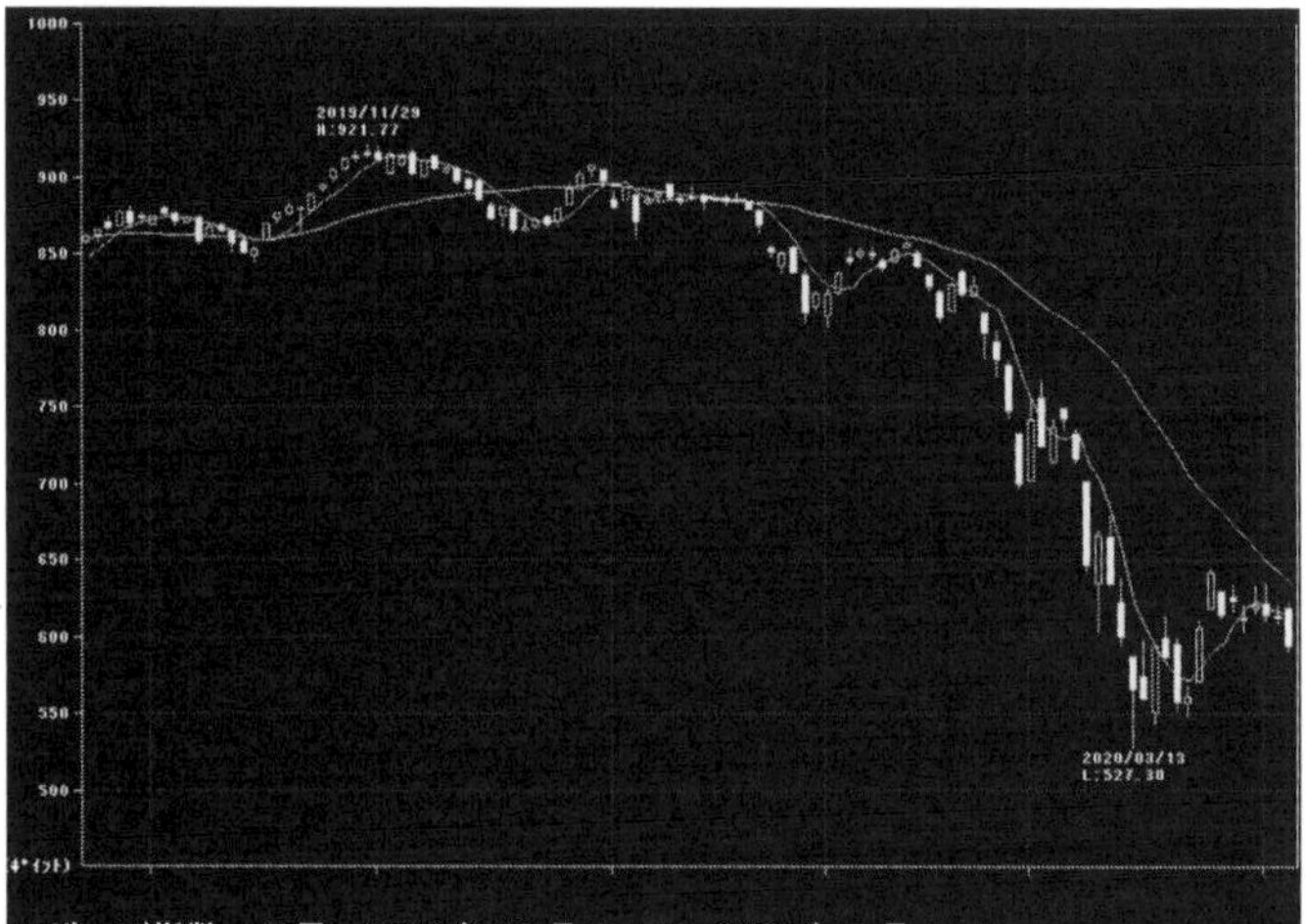

マザーズ指数　日足　2019年10月24日～2020年4月3日

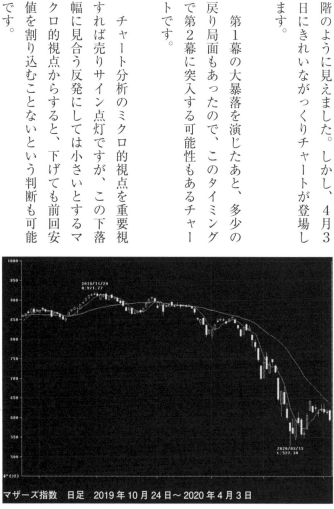

ただ、5・25日移動平均線分析を厳格に適用すると、ここは売りサインが点灯です。個別銘柄に買いエントリーしている場合、一旦手仕舞うのもよし、前回安値を割り込んだらロスカットというシナリオで様子を見るのもよし、という局面です。

ここから動きですが、このきれいながっくりチャートが登場した翌日には、切り返しの陽線が出て、しかもポンポンと跳ねる陽線が続き、GCが完了しました。

次ページのマザーズ指数を見てください。チャート内の重要ポイントですが、175ページで解説したくいっとチャートが「A」、GC直前に売りサインを出したがっくりチャートが「B」、切り返して形成されたGCが「C」です。

しかも、GC後からは押し目待ちに押し目なしというような1本調子での上昇を演じています。もちろん、これはマザーズ指数での話なので、個別銘柄を狙う分には、押し目をつくった銘柄や美しいGCを形成した銘柄を狙いましょう。

ちなみに、このマザーズ指数のチャートはとても美しいです。つまり、教科書的でありながらも芸術的なチャートになっています。じっくりと眺めてください。重要なポイントが浮かび上がってきますから。

美しいチャートをしている銘柄は値動きが素直です。つまり、負けにくいのです。今日から、自分なりの美しいチャートを探してみてください。

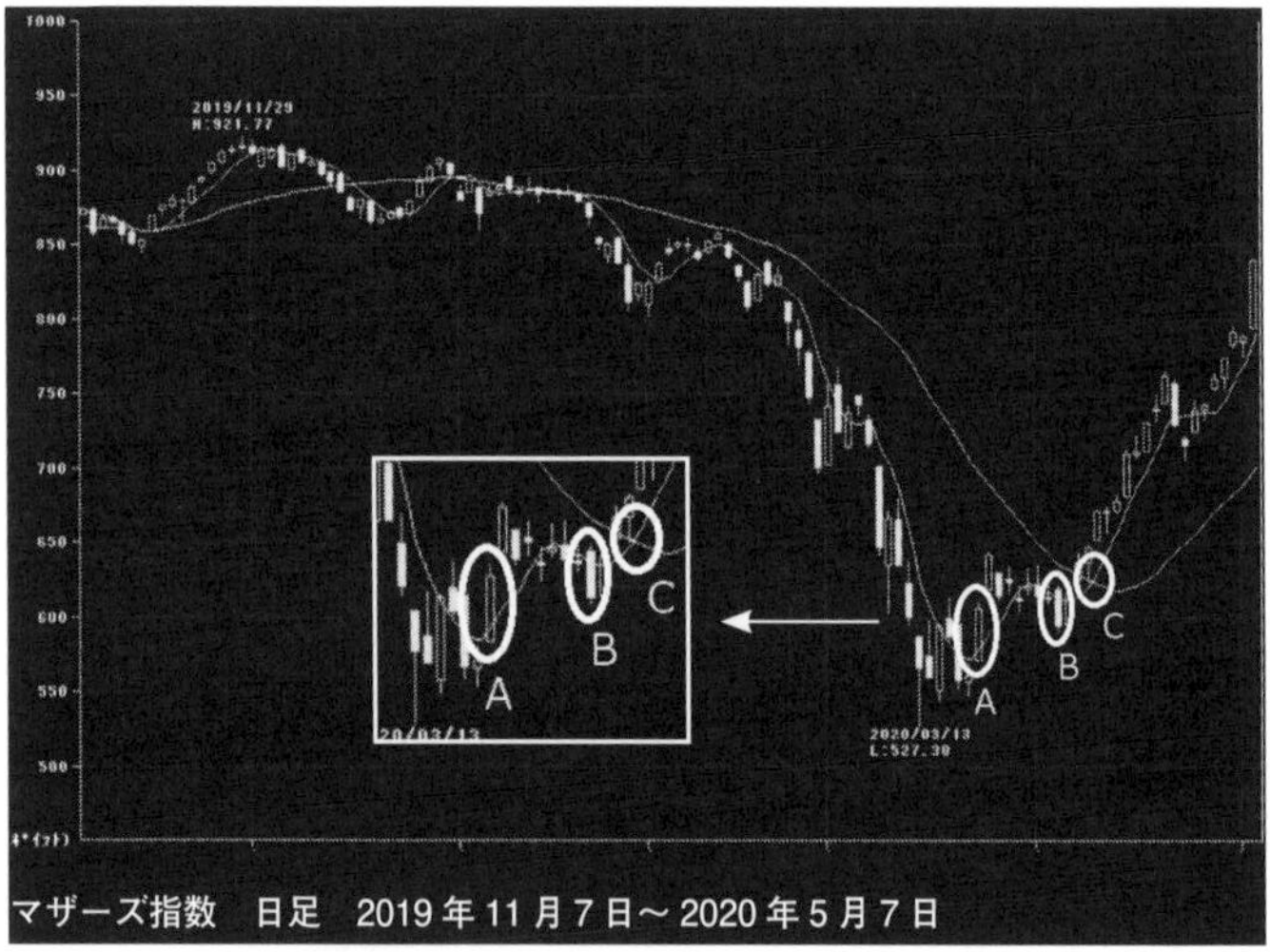

マザーズ指数　日足　2019年11月7日～2020年5月7日

6 時代に合った優良株を連想する

暴落は優良株を買える絶好のチャンスと言われます。また、中長期で仕込むには絶好のチャンスとも言われます。確かに、その通りではありますが、第1幕の下落で終わればという話になります。もし、第1幕の下落後の反発が終わり、第2幕へとつながれば話は全く異なります。このあたりは、相場次第ということになります。

この点を踏まえて、暴落からの反騰のタイミングで狙う銘柄とエントリータイミングについて解説します。

新型コロナウイルス感染拡大防止のためステイホームがうたわれ、仕事もテレワークに移行していく中で、生活・仕事環境がガラッと変わりました。買い物はすべてネット、仕事環境もネットがベースです。

とすると、思いつくキーワードのひとつに「巣ごもり」があります。具体的には、ネット通販関連、スマホゲーム関連、家庭用ゲーム機器関連、宅配関連、クラウド関連です。もちろん、メインは新型コロナウイルス関連銘柄ですが、乱高下が激しく短期売買には最高なのですが、ゆったりとホールドというものではないので、ここでの解説は避けます。

具体的に、目を付けていた2銘柄を紹介します。まずは、SGホールディングス（9143）です。下の日足チャートを見てください。

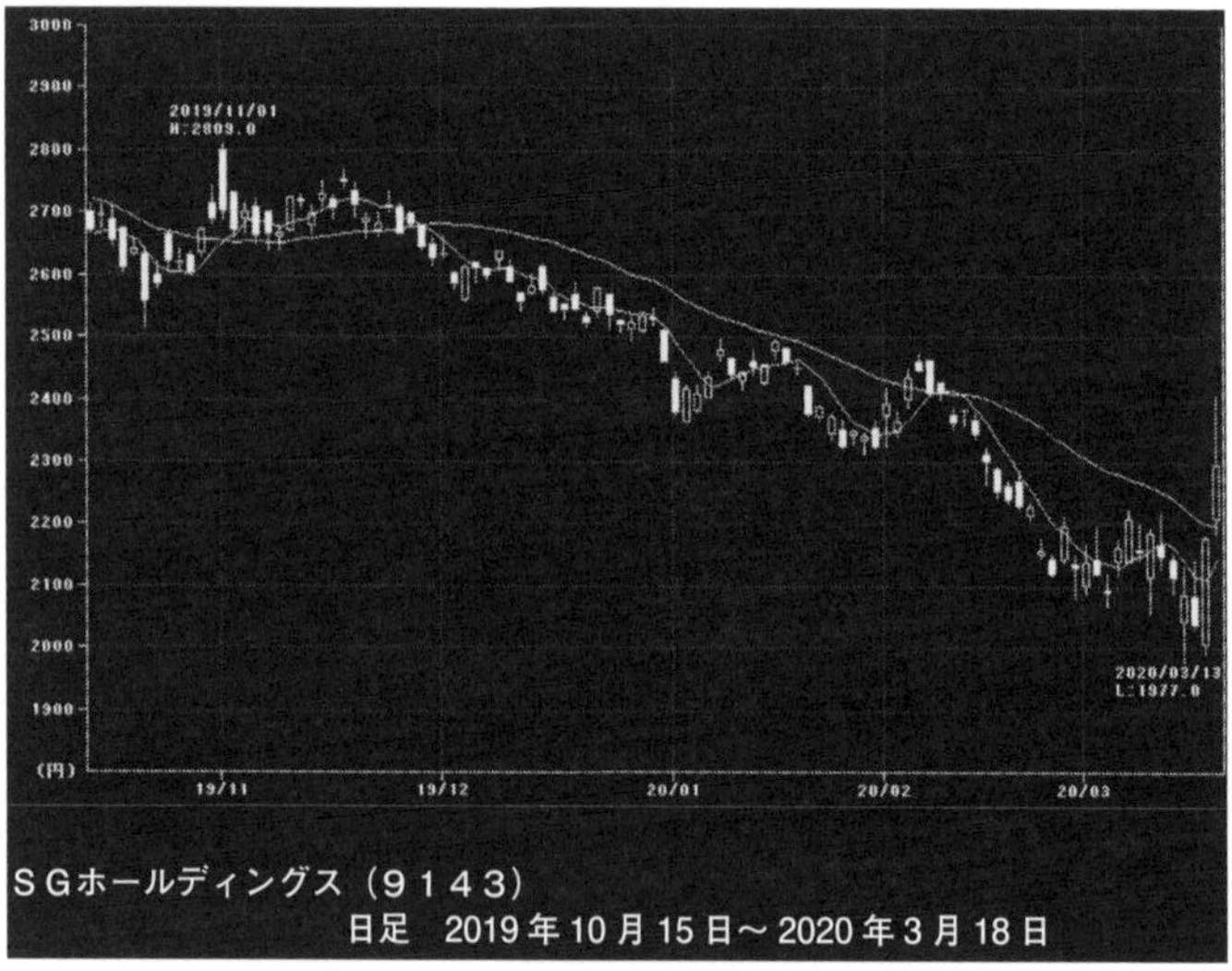

SGホールディングス（9143）
日足　2019年10月15日～2020年3月18日

相場全体が売り込まれているにも関わらず、ＳＧホールディングスの下落は緩やかで、３月18日にはあっさりと25日移動平均線をブレイクしてきました。ＧＣ直前ですが、ＧＣを見越して、このタイミングでエントリーするのも良さそうです。落ちてきたら、さくっとロスカットすれば良いだけですから。

下のチャートを見てください。結局、期待通りに大きな上昇を演じてくれました。こうなれば、中長期でも安心してホールドできます。

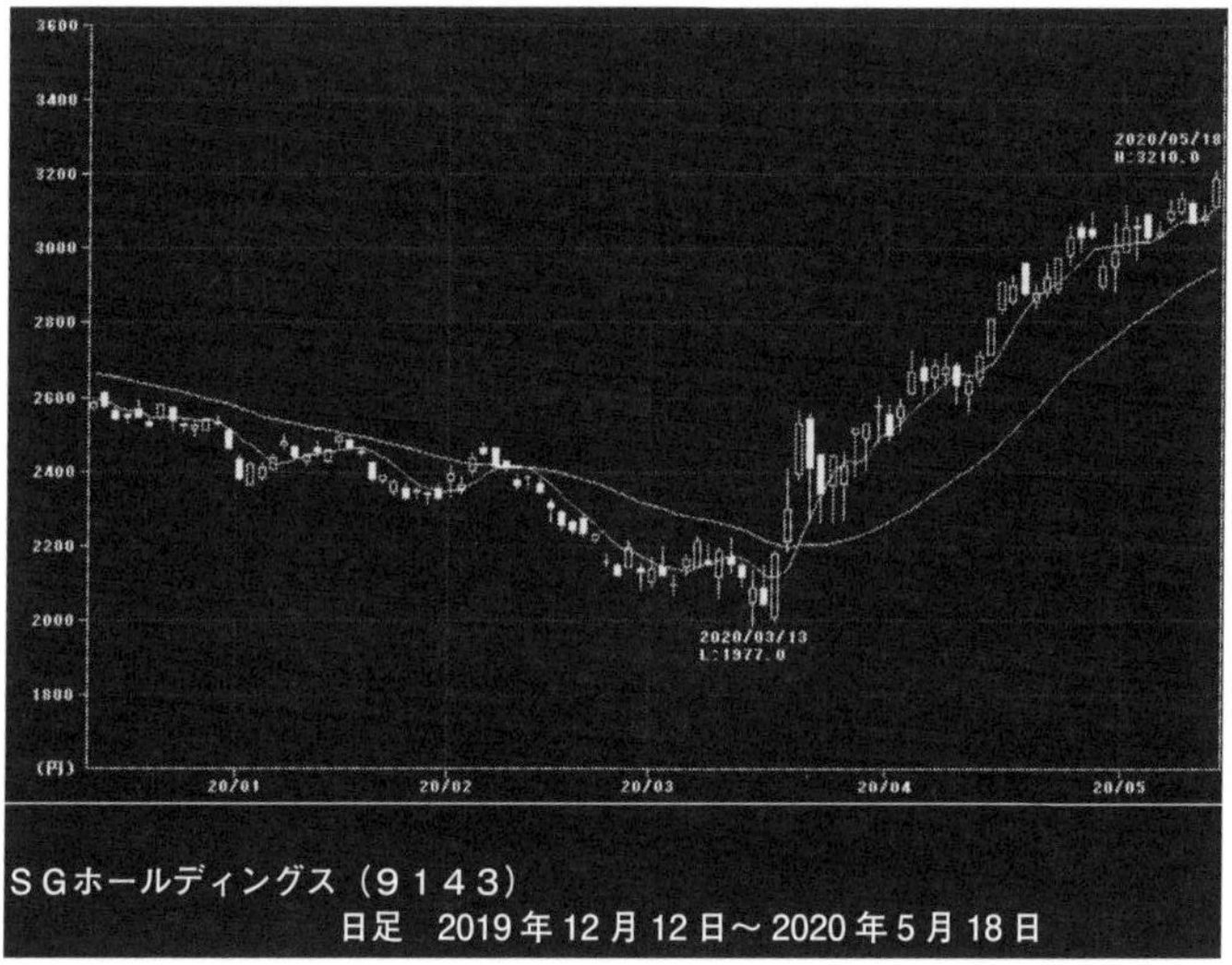

ＳＧホールディングス（９１４３）
日足　2019年12月12日～2020年5月18日

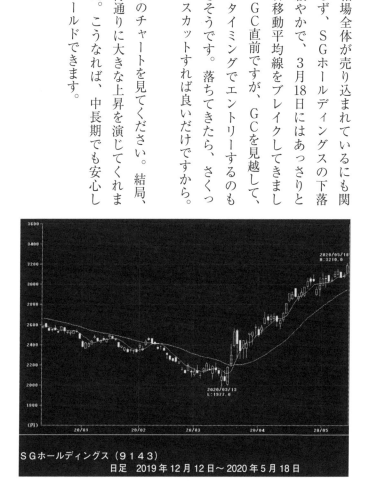

次は、クラウドワークス（３９００）です。次ページ上のチャートを見てください。綺麗なくいっとチャートが立っています。マザーズ指数と同じタイミングで綺麗なくいっとチャートが登場したので、エントリーはしやすいかと思います。

上手くエントリーできれば、あとは暴騰を待つだけです。ロスカットに終わっても高が知れています。次ページ下のチャートを見てください。この銘柄も素晴らしい上昇となりました。ＳＧホールディングス同様に中長期に渡り、保有しても面白そうです。

クラウドワークス（３９００）　日足　2019年10月15日～2020年3月24日
1300
1200
1100
1000
900
800
700
600
500
(円)
19/11
19/12
20/01
20/02
20/03
2020/02/18
H:1170.0
2020/03/23
L:538.0

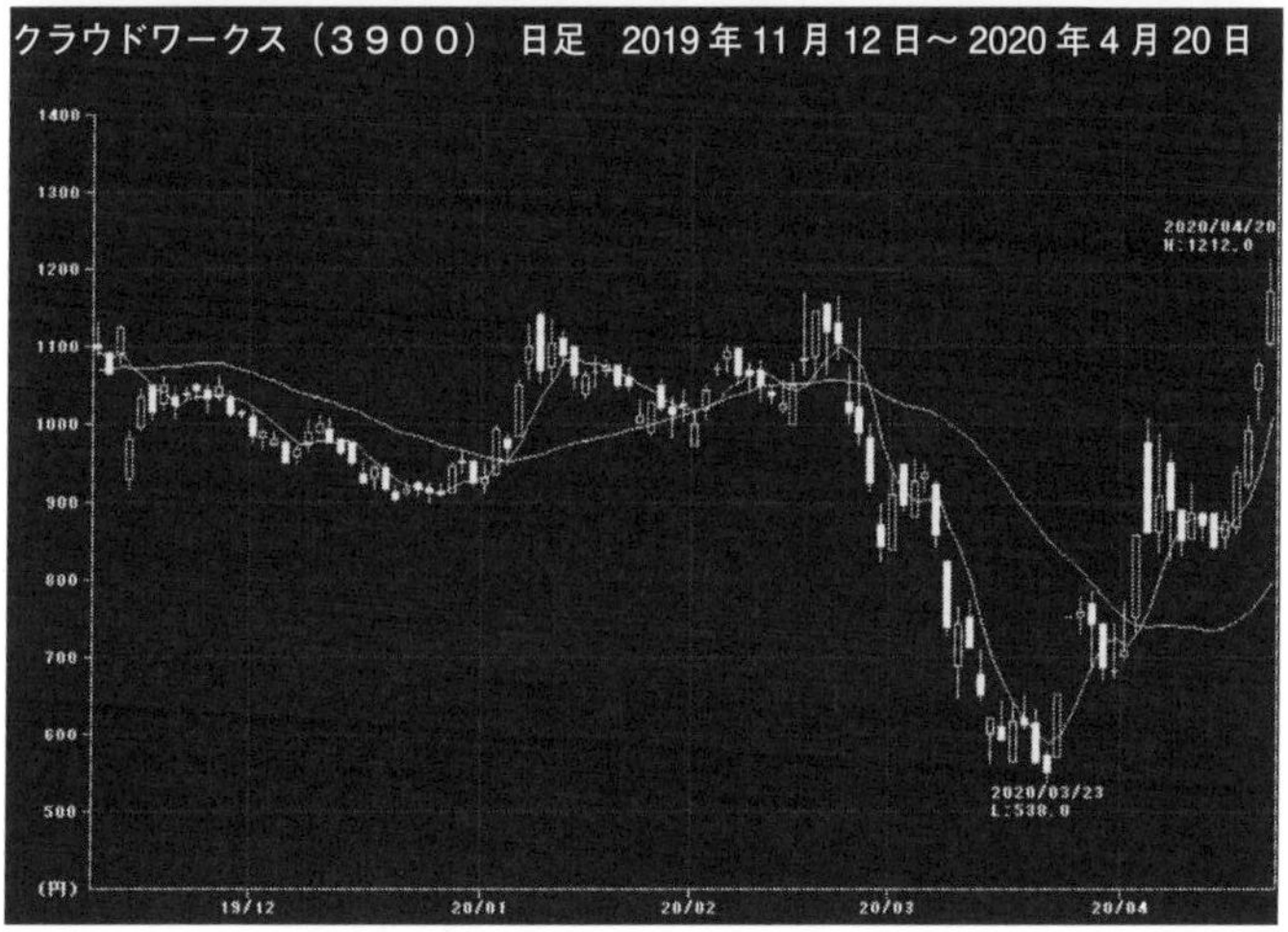
クラウドワークス（３９００）　日足　2019年11月12日～2020年4月20日
1400
1300
1200
1100
1000
900
800
700
600
500
(円)
19/12
20/01
20/02
20/03
20/04
2020/04/20
H:1212.0
2020/03/23
L:538.0

【第4章　まとめ】

長期に渡る上昇トレンドは、投資家たちを熱狂させ、株価が下落することを忘れさせます。「株価が落ちてきたら買い！」というような思考が染みつくことで、トレンド転換に対して柔軟な対応ができなくなってしまいます。そんなタイミングで暴落が相場を襲うのです。

特に今回のコロナショックのチャートパターンは、すぐに方向転換せずに、高値圏推移をしながら、じわじわと方向転換を完了させます。そして、新型コロナウイルス拡大のニュースを起爆剤として、急激な逆回転をもたらします。

このような行き過ぎた上昇トレンドは、必ず急落、暴落で調整されることは歴史が物語っています。今後も定期的にやってくるでしょう。

本章では、下降トレンドでも積極的に利益を追求していこうということで、下降トレンド時の空売りについて解説しました。空売りで利益を出せるようになると、空売りの面白さに取りつかれ、空売りしかしないという個人投資家もいるほどです。

しかも、値動きのスピードは、上昇トレンド時より下降トレンド時の方が速いので、結果もすぐに出ます。暴落時にはなおさらです。暴力的とも言える下落は、垂直に下げてきますから。多くの人は、空売りという武器を放棄しています。本当にもったいない話です。

空売りは信用取引でしかできません。その信用取引が怖いという人が非常に多いです。レバレッジが怖いというのなら、レバレッジは効かさず、本来株式投資に充てる自己資金の範囲で売買すればいいのです。

例えば、自己資金が１００万円であるならば、信用取引では約３００万円まで取引することが可能ですが、自己資金である１００万円以内で売買すればいいことです。

わざわざ怖いと思うレバレッジを効かす必要はありません。

株式市場を動かすエネルギーは信用取引だと言われます。そんな信用取引から需給を読み解けば、さらなる深読みができます。つまり、「買い」と「売り」という両面から相場を見ることができれば、もうワンランク、トレード技術のレベルアップが図れることになります。

第5章

残酷な相場の世界で生き残るために

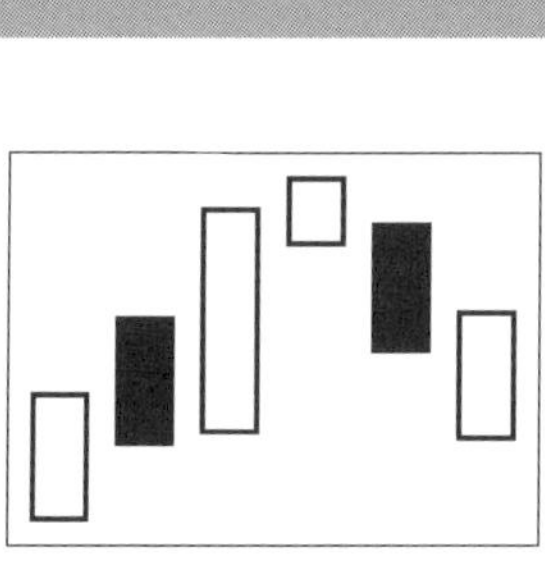

1 大局的、俯瞰的思考を意識する

新春の恒例行事のひとつにクロマグロの初競りがあります。2019年の初競りでは史上最高値の1匹3億3360万円となりました。1キロあたり120万円です。それが2020年の初競りでは、1匹1億9320万円と史上2番目の高値となりましたが、1キロあたり70万円です。2019年の120万円から大きく切り下げてきました。

このニュースを聞いた時に、今年は暴落が来るなと確信しました。もちろん、いつ来るかというのはわかりません。相場を観察し、そのタイミングを待つしかありません。

相場の天井圏、大底圏では、相場自体ではなく、相場を取り巻く外部環境に重要なサインが転がっていたりします。このような大局的、俯瞰的な思考ってかなり重要なんです。相当意識しないとなかなか気が付かないです。

初心者が陥りやすいミスのひとつに、大局的な観察をせず、相場に突っ込んでいって、お気に入りの個別銘柄を買いまくるということがあります。

確かに、何も考えずに相場に突っ込んでいっても勝てることはあります。バブル中期から後期にかけては、適当な銘柄選定に、適当なエントリーでも大勝ちするようなこともあります。

なぜなら、個別銘柄の上昇力に上手く乗れたということに加え、相場全体のバブル的上昇基調にも乗れたから大きな利益になったのです。

個別銘柄を狙う時には、せめて相場全体の指標となる日経平均の動きは見ておきましょう。シンプルに相場全体を観察できる指標ですから。

慣れてくると、もっと細かく見ていく必要があります。自動車関連を狙うなら、自分の狙う銘柄以外の自動車株の動きも確認します。気が付いていない人も多いですが、これも重要な作業なのです。

どうしてもミクロ的な動きにだけ目が行きがちですが、少し視野を大きくし、マクロ的な要素を取り込んでいけば、大きな波に乗れる可能性が高いです。もし、失敗しても傷は小さくて済みます。

どんな作業も、ミクロとマクロを融合していきましょう。

2 相場の先読みはできるのか

「相場の先読みってできると思いますか」って問われるとなんて答えますか？

ちょっと想像してみてください。夏の暑い日の午後、空を見上げると銀色に輝く雲がどんどんと大きくなり、立体感あふれる入道雲が姿を現します。その雲はさらに大きくなり、黒みを帯びてきます。そして、大きな音を発します。そう、雷です。

普通に考えると、このあとは雨が降ります。気温を下げてくれる心地よい夕立かもしれないし、激しい雷雨かもしれないです。どんな降り方になるかはわかりませんが、とにかく雨が降ると考えるのが普通です。

では、必ず雨が降るのかというと、経験則的に１００％雨が降るとは言い切れませんよね。でも、雨が降る確率は高いです。生まれ育った地域の影響も受けるとも思いますが、雷まで聞こえたら多くの人は80％～90％の確率で雨が降ると考えます。100％でないのです。

これってそのまま相場に当てはまります。

「相場の先読みってできると思いますか」と問われると、チャート分析をしっかりと学んだ人は「できる」と答えます。自信のない方や、先読みの仕方がわからない人は「できない」と答えます。

もちろん、「できる」と答えたらといって、あらゆる局面で相場の先読みができると言っているのではありません。読みやすい局面ならば、先読みができると言っているのです。これ、かなり重要です。要は100％確実ではないですが、確率の高い局面を見極めてエントリーしていけば、全戦全勝とはいかないですが、トータルでは利益になるのです。

３　ヒストリカル分析の基本はチャートマッチング

チャート分析と言っても、通常はテクニカル分析とファンダメンタルズ分析で済まされることが多いですが、時にはヒストリカル分析も相当の威力を発揮します。

ただ、ヒストリカル分析は、過去データや複雑な分析法が必要だったりします。テクノロジーが発達したおかげで、その高い壁はかなり取り除かれたものの、個人投資家が気軽に行うには、ちょっと難しいです。しかし、チャートマッチングという簡単なヒストリカル分析もあります。直感がものをいう分析法でもあり、非常に面白いです。次ページの上下２枚のチャートを見比べてください。

上は２０１８年１月24日に２４１７０円をつけ、２月上旬から暴落に突入した

日経 225 先物　日足　2017 年 10 月 23 日～ 2018 年 3 月 22 日

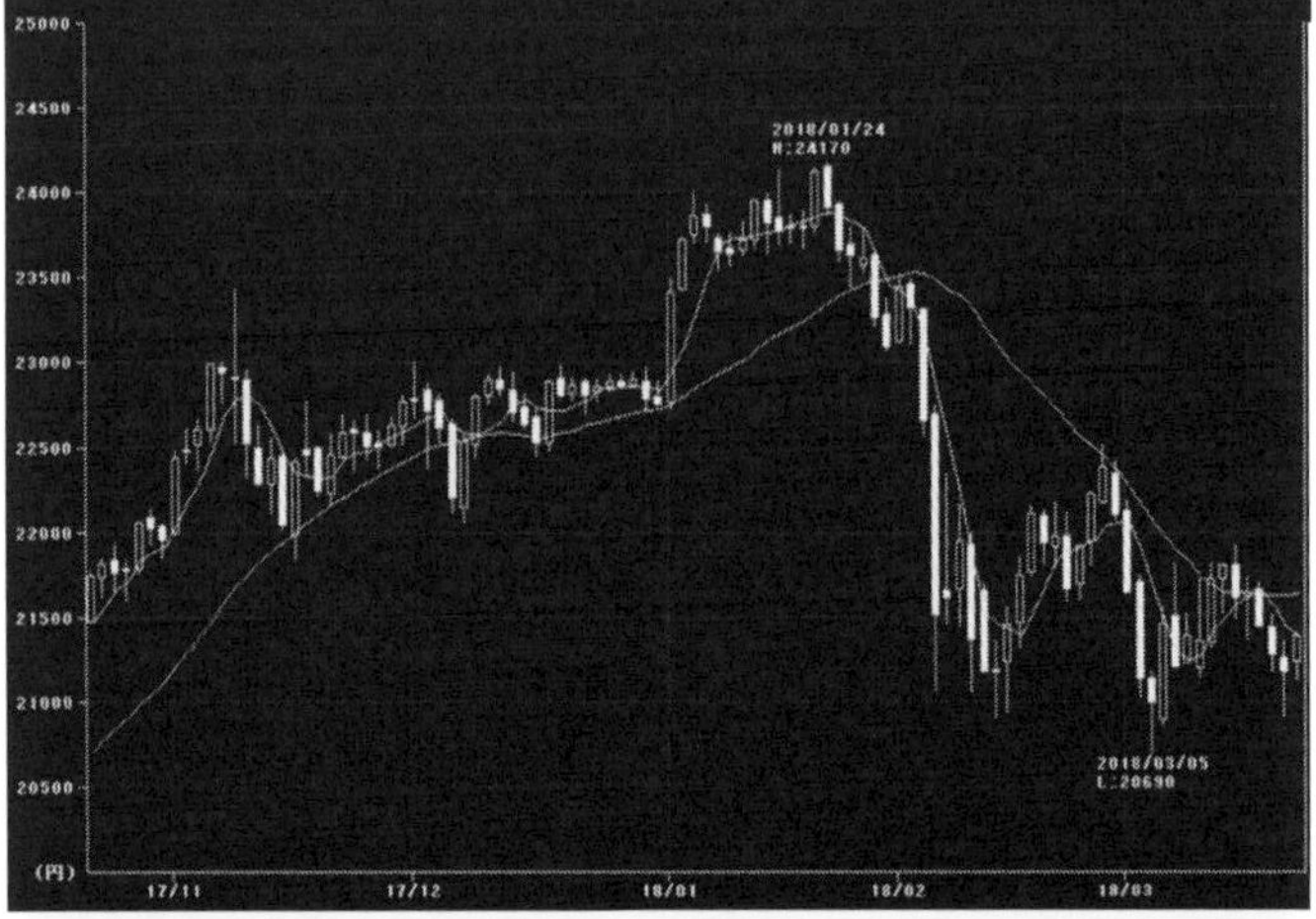

日経 225 先物　日足　2018 年 6 月 11 日～ 12 月 19 日

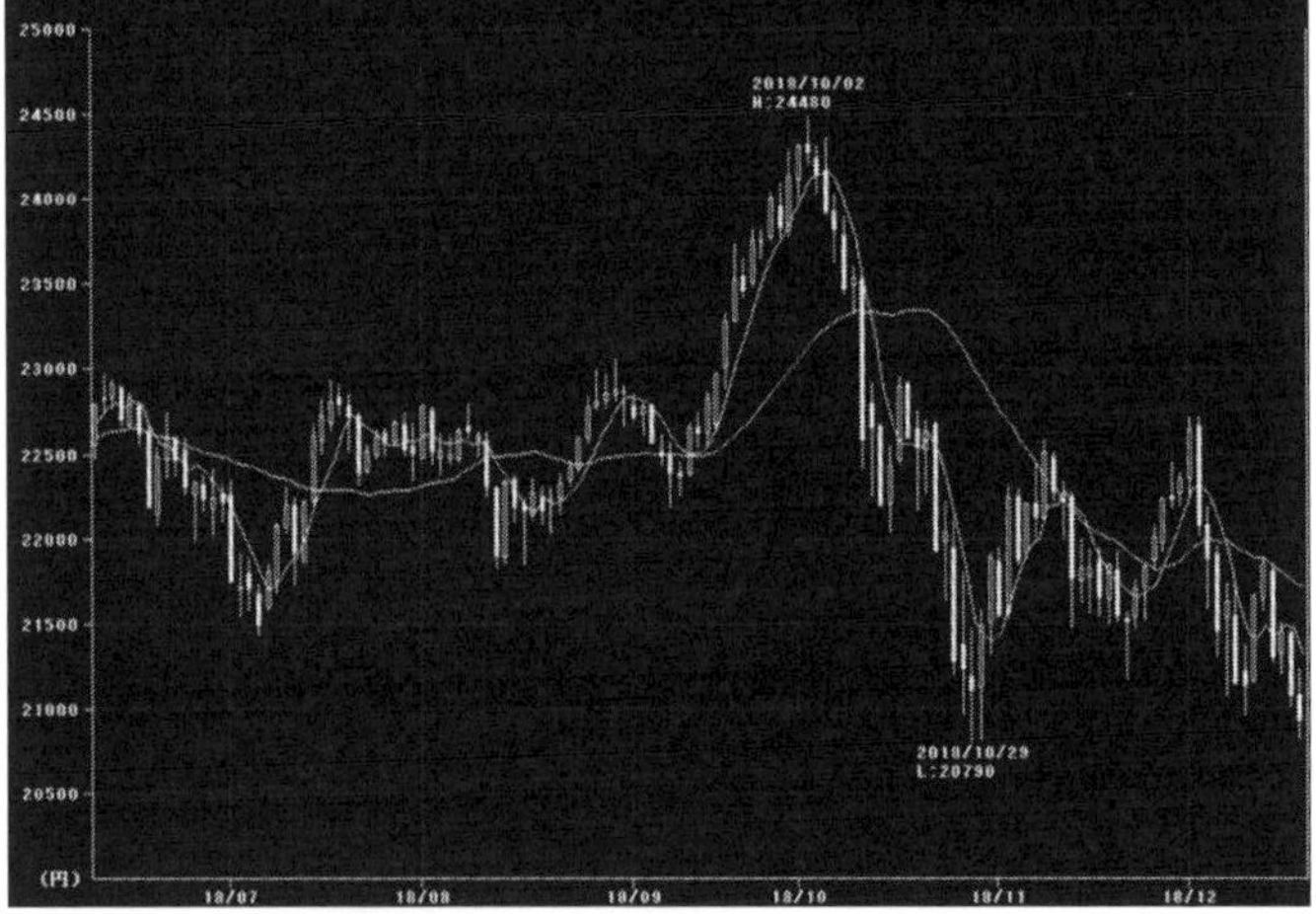

チャートです。下は２０１８年10月2日に２４４８０円をつけ、そこから10月下旬にかけ暴落したチャートです。

この２枚のチャートをじっくりと見つめてください。この２枚のチャートが直感的に似ていると思えたら、チャートマッチングが使えます。ここで、チャートマッチングとは、同じようなチャートを突き合わせて、今後の値動きを予測するという手法です。

ピンとこなければ、トレンドラインを引いてみましょう。トレンドラインを引いてみれば、同じチャートパターンに見えると思います。次ページのチャートを見て下さい。どちらも上値を切り下げている三角持ち合いです。これでも似ていないと感じたら素通りしてください。

３月の三角持ち合い（１９６ページの上）ですが、ブレイクダウンしました（１９８ページ上）。ブレイクした瞬間なので、大陰線が出現しています。

日経 225 先物　日足　2017 年 10 月 23 日～ 2018 年 3 月 22 日

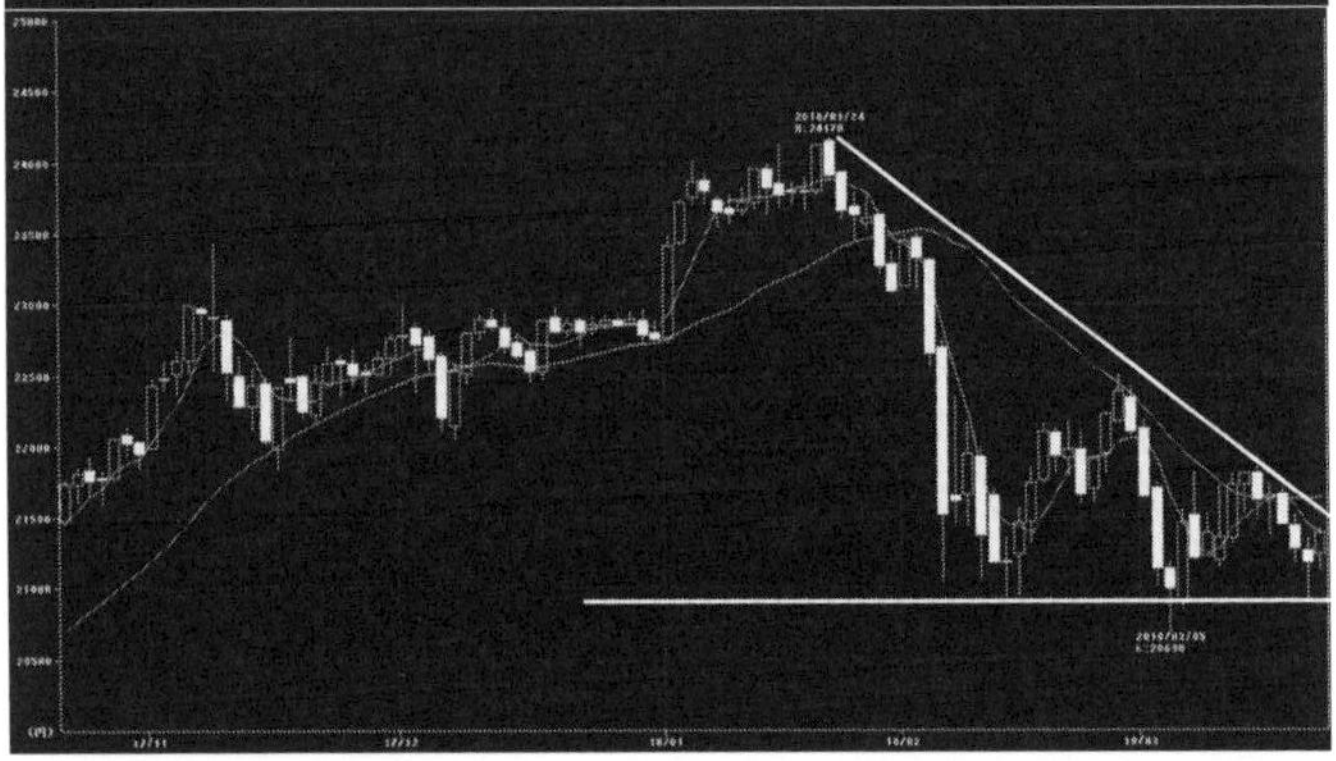

日経 225 先物　日足　2018 年 6 月 11 日～ 2018 年 12 月 19 日

では、10月から始まった暴落チャート（196ページ下）のこの後の動きを予測して見てください。

歴史は繰り返すといいますが、相場も同じです。同じチャートパターンなら同じような値動きをするということです。結局、同じようにブレイクダウンしています（198ページ下）。ここを狙って獲りに行くのは、とてもエキサイティングです。クリスマス前ということで、最高のプレゼントとなりました。

ちなみに、天井圏からの暴落、大底圏からの暴騰はチャートマッチングの手法が結構使えるので、覚えておきましょう。

日経225先物　日足　2017年10月23日～2018年3月23日

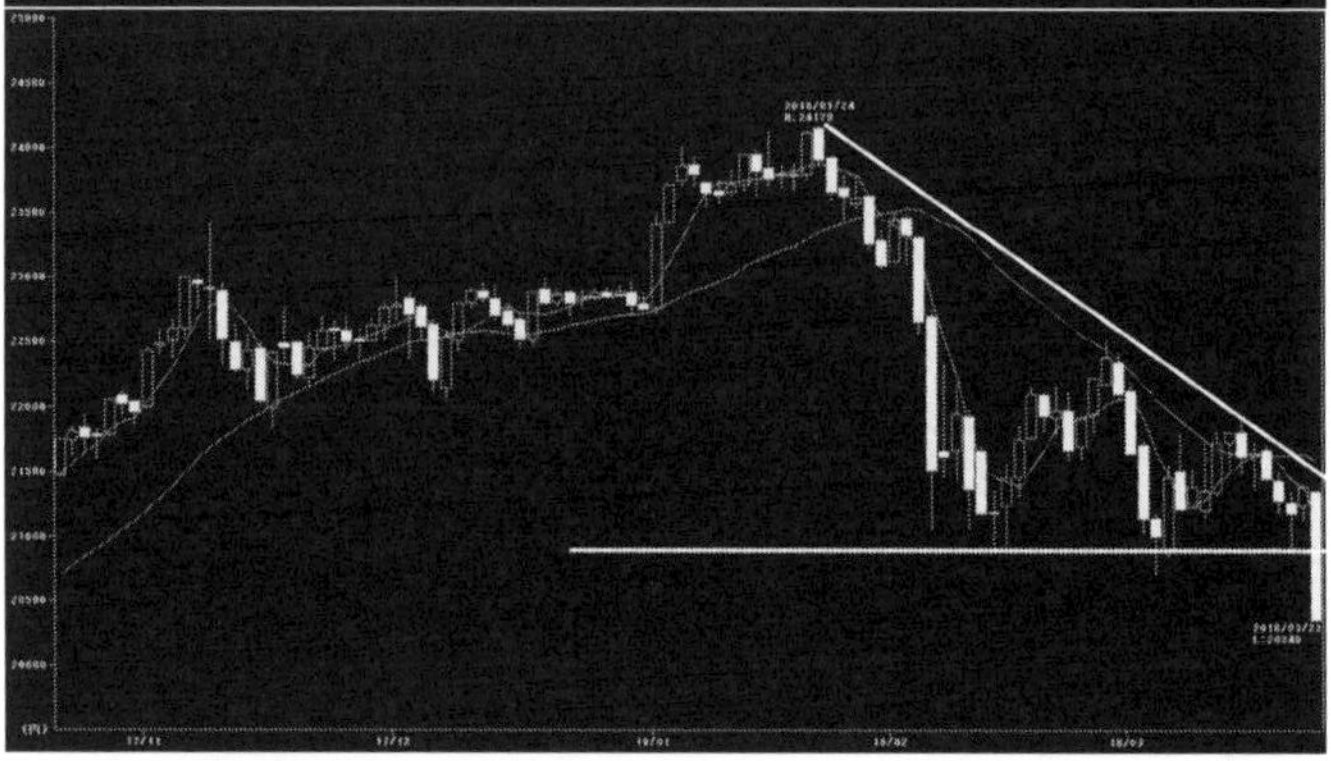

日経225先物　日足　2018年6月11日～12月20日

4　ロスカットポイントの設定の仕方

相場の世界、スマートなロスカットができるかどうかが、生き残れるかどうかの鍵になります。裏を返せば、ロスカットができなければ、相場から退場するのは時間の問題になるということです。

ロスカットについての考え方は、大きく分けて2つのアプローチ方法があります。ひとつは、マクロ的な視点を重視した相場主体でロスカットを設定する方法です。もうひとつはミクロ的な視点を重視した個別主体でロスカットを設定する方法です。

どちらが良いのかという問題ではなく、相場状況に応じて使い分けることが必要です。実践ではこの判断に迷うこともあり、投資の難しくする要素のひとつです。

そもそも、ロスカットの本質とは、リスクの解除です。簡単に言うと、リスクを切り離すことです。結果として、損失がある一定以上の金額になることを回避できるとか、残りの投資資金を守ることができるとか、ということになります。

実践的なロスカットルールの設定の仕方は次ページの通りです。

エントリーした後は、相場の動きに従うことになります。もし、意に反する動きになり、ロスカットポイントに達したら、ためらうことなく淡々とロスカットしましょう。相場の世界で生き残りたいのなら、ロスカットルールは厳格に適用する必要があります。

ロスカットをしっかりと設定し、損小利大のトレードをやろうとすると、何故かすぐにロスカットに引っ掛かってしまうことが多いです。しかも、何度も繰り返してしまうのです。いわゆる、損切り貧乏になってしまいます。

【実践的なロスカットルール】

（１）株価（絶対値、％）

株価が500円以下になったらロスカット、株価が5％以上下落したらロスカット、株価が前回安値の500円を割り込んだらロスカット、という株価でロスカットポイントを決める方法です。

（２）テクニカル指標
（絶対値、方向性、くいっとチャート、がっくりチャート）

５日移動平均線ががっくりチャートになったらロスカット、ＤＣになったらロスカット、ＭＡＣＤががっくりチャートになったらロスカット、というテクニカル指標でロスカットポイントを決める方法です。

（３）１～２を複数考慮

株価の絶対値とテクニカル指標を組み合わせて、両者の条件を満たしたときにロスカットという方法です。自分の投資スタイルに合わせて工夫が必要となりますが、上手く構築できれば貴重なノウハウになります。

（４）直感

場数を踏めば踏むほど、普通の人には見えないモノが見えるようになり、直感が冴えるのかもしれません。しかし、直感ほど当てにならないものはないというプロもいます。ただ、チャートが声を発する前に、何かを感じたらその直感を信じてみるのもよさそうです。

ここで、損切り貧乏とは、ロスカットの設定があまりにもタイト（厳格に、小さな値幅）であるために、すぐにロスカットに引っ掛かり、小さい損失ではありますが、回数が増えて、結果的に損が膨らんでしまうことを言います。

大きな損失は絶対に避けるということを心に誓い、相場に向かうのですが、相場状況によっては、いわゆる損切り貧乏につながりやすいのです。

損切り貧乏になる理由は2つあります。

まずは、エントリーのタイミングが悪いことです。つまり、チャートから株価の方向性やボラティリティなど考えずにエントリーすることで、値動きに振り回され、ロスカットに引っ掛かってしまうのです。

次は、そもそもロスカットの幅が小さいことです。つまり、エントリーする際に株価のゆらぎ（値幅）を考慮せずに、ロスカット幅を小さくし過ぎてロスカットに引っ掛かってしまいますのです。

損を小さくすることは非常に大切なのですが、その時々の相場状況を判断し、ロスカット幅を決める必要があるのです。つまり、エントリーポイントと相場状況に応じたロスカット幅を設定しないと、実践では損切り貧乏といわれるようなロスカットを連発させてしまうことになります。なので、この点に気を付けながら、ロスカットポイントを決めていきましょう。

5　不愉快な日はひたすら耐えるのみ

どんなに丁寧に準備しても、どんなに慎重にエントリーしても、相場に嫌われて損失を出すことがあります。損失を出しても後悔する必要はないです。不愉快な日はひたすら耐えるしかないです。なぜなら、どんなに後悔しても損失は戻らないですし、時を巻いて戻す術もないのです。

損失から得られるのは、学びだけです。歴史に名を残している相場師も、「失敗から学ぶしかない」と書き残しています。

決してやってはいけないのが、逆切れトレードです。逆切れトレードで立ち向かっていけば、さらに損失が拡大することになります。自分の思いなんて届く訳がないのです。相場は残酷です。

デイトレでも、いきなりロスカットトレードから始まると、その損失を取り返そうと、株数を増やしたり、一発逆転逆張りトレードへと突き進みます。大引け後、自己嫌悪に陥るパターンです。反対に、慎重にトレードしているにも関わらず、何度もロスカットが続くようであれば、相場全体を見直すことも重要です。なぜなら、相場の流れに逆らっている可能性もあるからです。

株は上がるか、下がるか、確率は2分の1だとよく言われますが、実際に相場に向かうと上にも下にも行かず、ゆらゆらともみ合い局面に巻き込まれることが多々あります。

これに巻き込まれると、非常にストレスのたまるトレードとなります。しかも、本書で紹介している移動平均線分析が使えなくなります。どんなに頑張っても負けることになり、とても不愉快になるので、このような局面ではトレードは避けるべきです。

また、大きなトレンドのあとには、もみ合い局面に入ることも多いです。大きなトレンドに乗って大きな利益を出したあとというのは、気分が乗っているので、ガンガンと攻めたくなります。トレンドが終焉したにも関わらず、ガンガンと攻めれば、もみ合い局面に巻き込まれ、利益を吐き出してしまうことになります。この失敗は必ず一度は経験しますが、チャートから負けやすい局面を学びましょう。

大きな損失を出す時というのは、大きな値動きがあった時ではなく、よくある値動きの時だったりします。そんな時は、腐らず、怒らず、負けたトレードから学ぶしかないです。何とか耐えて、やり過ごしましょう。

6 トレード職人になるために

そもそも論ですが、どの投資手法やどのテクニカル指標を使っても、利益が出る時と出ない時があります。そこにはそれぞれ理由があって、利益が出せないのは、はっきり言って、利益の出せないトレードをしているからです。なぜ、そうなるのか、その原因を追究してみます。

「この投資手法は使えない！」という理由ですが、使う局面や使い方が悪いというのが最大の理由です。適切な局面で使ってやらなければ、トレードで生き残ることは不可能です。つまり、どんなに良い投資手法やテクニカル指標でも使い方を間違えると利益にならないのです。

「相場で勝てる手法はこれです！」なんて投資手法があるのでしたら、そのひとつの手法だけをやり続ければ、あっという間に大金持ちです。多種多様な投資手法が存在しているという事は、「この手法だけで投資をやっとけば必ず儲かる」というような手法なんて存在しないと言うことになります。

また、「これが良い」と言われる投資手法でも、実際にトレードで使ってみると、相場状況が把握できていない上、使う局面が間違っていて、その結果ロスカットになり、この手法は使えないとなるのです。

その投資手法の持つポテンシャルを最大限発揮させるには、その手法の正しく使うことです。そうすると、どんな手法でも利益が出せるのです。もちろん、そこから先は同じ相場に向かっても、個人投資家のスタイル、技術レベル、経験でトレード結果に差が生まれるのは当然です。

相場状況に合った適切な投資手法と適切なエントリーのタイミングでアプローチすれば、必ず結果はついてきます。じっくりと相場と対峙し、知識力、技術力をアップさせながらのトレードなら、たとえ負けることになっても経験としてストックされ、次のトレードに生かすことができます。これは相場で勝ち続けるトレード職人になるためには、とても重要なことです。

そもそも個々の投資手法のポテンシャルは限定的なもので、どのような相場局面で、どの銘柄に、どんな投資手法を適用するのかという状況判断こそが投資の本質です。

実際、相場に向かうと、よく使える投資手法、あまり使えない投資手法というのはあります。しかし、最も重要なのは、いまの相場状況でどの投資手法を使うのかを判断できるかどうかです。相場に向かうときには、いつも頭に中で意識しておきたいものです。

7　サインの奴隷になれ

相場は上がるか下がるかのふたつにひとつ。ならば、これだけを考えればいいのです。とすると、チャート分析は極力単純な方が良いと言えます。もちろん、エントリーのサインもシンプルにすべきです。

負けが続くと、より単純な方法を模索するのではなく、複雑な思考になっていきます。こうなると、何をやっても上手く行かなくなるのです。まずは、今日上がるか下がるかに集中すべきです。デイトレなら数分後の上昇下落を予測するだけです。難解な理論は無意味、相場の流れに乗ることに徹するべきです。

何かのポジションを持っている時と持っていない時の思考は同じでないといけません。多くの個人投資家は、自分のポジションに有利な思考をすると言われます。つまり、買っているなら株価が上昇する楽観的思考、売っているなら株価が下落する悲観的思考です。

問題なのは、反対の動いた時にその思考がロスカットを引き留めることです。心のバイアスが傷口を大きくするのです。

負け続けるスパイラルに入ると、やる事なす事全部ダメ。努力なんて意味がない。相場は容赦しません。あっという間にお金を吸い取られ、身も心も疲弊していきます。

本書ではシンプルさを強調していますが、シンプルさを追求するのって相当な知識と経験が必要です。我々個人投資家という立場であっても、プロフェッショナルでないと生き残れません。なぜなら、相場はプロもアマも同じ土俵で戦いますから。

シンプルさを追求するということは、相場をより観察、より研究することです。省力化することではないです。それでも上手く行かないときには、もっともっと深く掘り下げてより観察、より研究していく必要があります。日々、同じ作業を繰りかえすということは、非常に退屈で苦しいです。しかも、結果が出ていないならなおさらです。しかし、この地味な作業を継続することで、相場と付き合うための本質が見えてきます。残酷な相場の世界で生き残るには、この努力は欠かせません。

とことん相場と向き合い、行き着くとこまで行くと、自分のスタイルが見えてきます。どこでエントリーすべきなのかも明確になってきます。さらに、思考が洗練されてくると、そのエントリーのポイントを視覚化し、明文化できるようになります。これが勝てるエントリーのサインとなる訳です。あとは、このサインに従い、トレードするだけです。

「サインの奴隷になれ！」

これが、相場の世界で勝ち続ける秘訣です。このサインが点灯するまでは、ひたすら待つのです。私の好きなサインのひとつは、本書でも徹底的に解説したＧＣとＤＣ

です。このサインは頻繁には点灯しないですが、待つ事さえできれば大きな利益をもたらしてくれます。

しかし、利益を自分から追いかけていくと逃げていくのです。サイン点灯を待ちきれず、フライングエントリーすると、それをあざ笑うかのように、反対に動き出したり、ロスカットポイントまで一気に走ったりします。

これを何度か食らうと、ＧＣとＤＣは信用できないとか、使えないとなるのです。場数をこなして初めてわかるのですが、サインの信頼度もエントリーする際には重要な判断材料となります。ＧＣ・ＤＣは信用できないとか、使えないという人は、信頼度の判断ができていないのです。

この信頼度の判断って天気予報と同じなんです。例えば、「今日の天気は雨」という予報を聞いたらどうしますか。

「今日は傘を持っていこう！」と即断する人もいるかもしれませんが、多くの人は降水確率を確認すると思います。その降水確率が、30％の場合と80％の場合では、傘を持っていくかどうかの判断が異なります。80％ならほとんどの方が持っていくと思いますが、30％なら持っていかない人の方が多いはずです。念のためということで、折りたたみ傘をカバンに忍ばせる人もいると思います。

このように天気予報は雨だとしても、傘を持っていくかどうかの判断は降水確率によって異なります。また、同じ降水確率であっても、持っていく人もいれば、持っていかない人もいます。つまり、同じ状況に置かれても、人によって判断が異なります。

これが相場の世界にもそのまま当てはまるのです。サインが点灯したからといってもエントリーする人もいれば、エントリーしない人もいるのです。この判断の見極めが勝てる人と負ける人との違いかもしれません。サインの奴隷になるためには、信頼度も考慮し、勝てるルールを構築していく必要があります。

【第5章　まとめ】

売買のサインを決めるにあたって、複雑なルールに従えば、結果が伴わないだけでなく、サインが点灯したとしても自分が信用できないルールとなっていることも多く、実際にエントリーできないことが多いです。

サインの奴隷になるためには、サイン点灯のルールを明確にして、エントリーできるように決める必要があります。多くの個人投資家は、ルールを構築したとしても、そのルールを心の底から信用していません。そもそもチャート分析をしているのに、チャートを信用していないのです。

ルールの創造主であるにも関わらず、ルール構築のもととなるチャートを信用していないので、そのタイミングがきたとしてもエントリーできないという訳です。エントリーできないということは、投資で利益を上げるためのルールを否定する瞬間です。言い換えれば、投資で利益を上げるための行動を拒否しているのです。

もちろん、チャートを信用したからといって、いつも勝てるわけではありません。しかし、勝てる確率が高い局面を教えてくれます。とすると、条件が整ったら、迷わずエントリーすることです。

もし、思惑と違えば、ロスカットすればいいのです。素早いロスカットは資金を守ることにつながります。問題は、含み損を放置することです。トレードは、そのときの精神状態にものすごく左右されます。利益を出している時のロスカットは大胆にできますが、そうでない時はすごく難しいです。しかし、こんな時こそぐっとこらえてロスカットし、次のチャンスに備えたいところです。

重要なのは、勝てる局面で勝つことです。時には、感情を消して、淡々と職務を遂行することも必要です。含み損を精神論でコントロールしようとしても無理な話ですから。相場を相手にすれば、不愉快な日もあります。こんな日はひたすら耐えて、明日に備えるしかないのです。

【おわりに】

最後までお読みいただき、ありがとうございます。

本書では、勝つための最重要事項であるエントリーポイントについて、実践的に解説しました。また、大きな値幅が狙える転換点についても徹底的に解説しました。さらには、暴落の予兆についても私自身が実践する方法を開陳しました。

ちょっと株本を読んだだけで簡単に勝てると思い、株式市場に参入してくる人がどれだけ多いことか、いつもびっくりします。しかし、コロナショックのような暴落が起こると、状況は一変し、負けることなんて考えることさえなかった個人投資家に追証が襲い掛かり、多くの人は相場から撤退することになります。

相場はある日突然機嫌を損ねると言いますが、表情というものは、じっくりと観察してれば、徐々に曇っていくことに気が付くはずなんです。もちろん、急変ということもあるのですが、そんな局面は少ないです。

相場の表情を的確に見極めるには、やはり日々の観察が必要となります。日々の定点観測は、ちょっとした変化を知らせてくれるのです。このちょっとした変化を読み取ることができれば、大局的な相場観につながり、転換点という絶好のエントリーチャンスを炙り出すことができます。

残念ながら、転換点は頻繁にやってくるわけではありません。転換点到来までは、日々の相場状況を分析し、その相場状況にあった投資手法で立ち向かうことで、利益という成果を積み上げていくことが出来ます。

今まで上手くいっていない人は、抜本的に手法も思考も再構築する必要があります。ズバリ言うと、今までの手法や思考はすべて捨ててしまいましょう。厳しいことを言いますが、そもそも上手くいかない手法にどんな工夫をしても、突然勝てるようにはならないものです。

しっくりと腑に落ちるように、論理的に積み上げていくのです。再構築した手法で1度勝てれば、2度目は自信をもって戦えます。やがて、自分の勝ちパターンが構築できるのです。

その構築したパターンを徹底的に使いこなすのです。何度も繰り返すことで、トレード技術がブラッシュアップされていきます。洗練された得意技は大きな富をもたらしてくれます。

もちろん、得意なパターンが毎日使えるわけではありませんから、そんな時には他の勝ちパターンも構築していくのです。投資手法の賞味期限は短いので、得意技を少しずつ増やしていきましょう。

そして、いくつかの得意技を身につけたら、その得意技のポテンシャルを最大限発揮できる時まで待つのです。「待てばそのうちチャンスあり」です。

いつまで待つのかを指し示してくれるのがチャートなんです。チャートを読み解く必要性は、今も昔も、そして未来も変わることはないと思います。

天気図が読めない気象予報士は、気象予報士ではないのと同じで、株価チャートを読めない投資家は、投資家ではありません。勝ち続けるためには、チャート読解力をつければなりません。チャート読解力さえあれば、チャートから損小利大のトレードシナリオを構築し、実行するだけです。

利益を手にするには、この損小利大という思考を忘れないことです。言い換えると、勝ちトレードでどれだけ利益を膨らませられるか、負けトレードでどれだけ損を抑えられるか、ということです。

「勝たなければ」と焦れば焦るほど、損失が膨らむことになります。この根源は「自分の弱さ」にあります。投資の世界は、損失からしか学べないと言われます。つまり、どんなに打ちのめされても、前を向いて進むしかないのです。1度失敗しても2度目なら対応できるのです。

株式市場は世の中に存在する最も高尚なゲームとも言われます。そんな世界で生き残るには日々の鍛錬しかありません。何かの答えを求めて本書を手にして頂いたと思いますが、勝つためには足掻き続けないといけないのです。コロナショックで相場環境は激変しましたが、どんな乱戦相場でも、溢れるくらいの恩恵を受けること切に願っています。

２０２０年５月　尾崎式史

★投資スキルのレベルアップはここです！★

20年以上に及ぶ投資ノウハウを惜しみなく提供しているのが投資スクールの老舗「尾崎塾」です。勝ち組投資家の育成だけでなく、多くの専業トレーダーを輩出しています。

さらに、ここ17年でセミナーは７００回以上こなし、個人投資家の成功パターンと失敗パターンを徹底的に研究しています。その結果、上手くいかない個人投資家が、何をすべきなのかが明確になりました。

より深く投資について知ることは、これからの時代には必要になってきます。ミクロ的視点からマクロ的視点まで、短期的視点から長期的視点まで、さまざまな視点からチャートを読み解く

「尾崎塾」
→ https://www.104juku.com/

QR コード→

チャート分析は、これからの時代に欠かせないものとなるはずです。

また、「I Love Stock Market. 極楽投資生活。人生は逆張り、投資は順張り。お金の問題はいつもストレスフリーに」、「全方位投資でお金を貯めて南の島へ！」というブログで情報発信も行っております。

お時間あるときにでも、ぜひ遊びに来てください。

コロナショックでボコボコにされた株式市場ですが、金融政策の拡大により株式市場もその恩恵を受けると思われます。夏にかけて

「I Love Stock Market」
→https://tradelife.jp/

QR コード→

「全方位投資でお金を貯めて南の島へ！」
→https://ameblo.jp/104juku/

QR コード→

大きく上昇してくる可能性もありますが、経済指標の悪化に加え、失業者数がどんどん増えていく不況下での株高は継続しないです。つまり２０２０年後半からは再度下落に転じてくると思われます。

日々いろんな情報が飛び交っていますが、そんな情報からはエントリーのタイミングはとれません。しかし、そんな情報を取り込んで株価チャートは作られています。とすると、そのチャートを読み解けばいいのです。

「チャートを制する者は投資を制す」です。

いろんな情報に振り回されずに、自らの力で投資判断ができる技術をしっかりとマスターしましょう。これが令和の時代を楽しく生き抜く秘訣です。

近い将来、お会いできるのを楽しみにしています。

尾崎式史（おざき・のりふみ）
株式会社トレードライフコンサルティング代表取締役。
関西大学工学部卒業後に大手専門学校で会計学、日商簿記などの講師をつとめるかたわら、様々なビジネスに参画。同時にバブル崩壊後から始めた株式投資では数々の失敗を経験しながら独学でチャート分析力を磨く。2000年頃から本格的に投資家に転進。下降相場でもコンスタントに利益を叩き出す。「チャートはあらゆる事象を反映している」を信念に、独自に磨いたトレード技術を活かし、2005年に勝ち組投資家を育成するため、投資スクール『尾崎塾』を開講。また、多くの個人投資家からの熱い要望に応えて、全国各地でセミナーや講演会を行う。投資セミナーは過去700回以上にもおよぶ。無料メルマガ「初心者でも株でしっかり月20万円」の発行者（読者数は8万人以上）でもある。現在も相場と対峙する日々を送っている。
投資助言業務の経験から、負けている個人投資家への鋭いアドバイスには定評がある。そのためか個人投資家を対象としたコンサルティングは大好評。また、毎月のように東南アジアを行き来しているだけに、海外不動産投資、海外ビジネス投資にも精通している。著書は『株でゆったり月20万円。「スイングトレード」楽すぎ手順』ほか多数ある。

尾崎塾：https://www.104juku.com/

カンタンらくらく月《つき》20万円《まんえん》。難解《なんかい》チャートもシンプル株攻略《かぶこうりゃく》

2020年7月7日　初版発行

著者　尾崎式史
発行者　常塚嘉明
発行所　株式会社 ぱる出版
〒160-0011　東京都新宿区若葉1-9-16
03(3353)2835—代表　03(3353)2826—FAX
03(3353)3679—編集
振替　東京　00100-3-131586
印刷・製本　中央精版印刷(株)

ISBN978-4-8272-1240-2　C0033